商务宴请的艺术

谢 普/编著

沈阳出版发行集团

沈阳出版社

图书在版编目（CIP）数据

商务宴请的艺术 / 谢普编著. -- 沈阳：沈阳出版
社, 2024. 9. -- ISBN 978-7-5716-4359-1

Ⅰ. F719.3

中国国家版本馆CIP数据核字第20247C0M10号

出版发行：沈阳出版发行集团|沈阳出版社
　　　　　（地址：沈阳市沈河区南翰林路10号 邮编：110011）
网　　址：http://www.sycbs.com
印　　刷：天津海德伟业印务有限公司
幅面尺寸：155mm×220mm
印　　张：10
字　　数：111千字
出版时间：2024年9月第1版
印刷时间：2024年9月第1次印刷
责任编辑：张　楠
封面设计：舒园设计工作室
版式设计：李文琦
责任校对：张芳芳
责任监印：杨　旭

书　　号：ISBN 978-7-5716-4359-1
定　　价：49.00元

联系电话：024-24112447
E－mail：sy24112447@163.com

本书若有印装质量问题，影响阅读，请与出版社联系调换。

前　言

　　只要我们走上社会，就会发现有许多饭局需要参加，这就是一个社交的舞台，如果能把握住这个"舞台机会"，那么很多我们想要达成的目标，想要做成的事情就会有一个一帆风顺的过程，但如果我们没能在饭局上体现出良好的风度，办起事来就可能会阻碍重重，充满坎坷。毕竟从古至今，中国都是一个讲究关系的人情社会，饭局在中国承担了太多的功能，从来没有哪个国家如中国这般，人们的社交往来、人生成败，都与饭局有着千丝万缕的关系，甚至某些历史与政治都能与饭局联系起来，如此一来，交际应酬时的风度和教养就显得尤为重要。

　　走上社会之后我们不难发现，在饭局中能否展现良好的风度对我们生活、工作的顺利与否有着毋庸置疑的重要影响，有时在饭局上没有应酬好，对生活和工作都可能产生不良影响。所以，我们必须掌握好在饭局中应酬的技巧，处理好饭局上的人际关系，让自己从容不迫、风度翩翩。

　　在工作和生活中，我们无时无刻不在以某种方式与"请客吃饭"这件事发生联系，如何在应酬中游刃有余，体现风度，进而获得其中的社会资源也是一门学问。为了让读者能够领会风度的重要性，掌握应酬的技巧，我们从传统文化中汲取精髓，精心编撰了这本《商务宴请的艺术》，从历史的传统、请客的学问、赴宴的礼节、点菜的学问、座次的礼仪、进餐的礼节、饮酒的分寸等方面全面而详细地介绍了各种各样应酬的手段和方法，并且通过一些生动而有趣的案例解析了那些精通应酬技巧的聪明人是如何用巧妙的方法和过人的智慧最终达成自己的目的，同时展现了自己的不俗风度的。

读懂这本《商务宴请的艺术》，你可以厘清风度的重要性，掌握饭局交际的关键，学会应酬的技巧，从此请客、赴宴都得心应手，在觥筹交错之际、行令谈笑之间便能翻云覆雨，扭转乾坤，展现出良好的教养和风度。

目 录

第四章　点菜要看人，掌握好技巧

第五章　餐桌分座次，礼仪少不了

第一章

酒宴恒久远，
饭局有典故

第一节　民以食为天

原文： 王者以民为天，而民以食为天。

——出自《汉书·郦食其传》

释义： 一个王之所以为王，是因为受到了百姓的支持与爱戴，所以君子要重视百姓。而百姓看重的是粮食，如果百姓的生活都是吃不饱、穿不暖，人民生活得不到保障，必定会发生骚乱。

秦朝末年，有个叫郦食其的儒生，献计帮助刘邦智取陈留，被封为广野君。秦朝灭亡后，刘邦和项羽争霸。刘邦联合各地反项羽力量，据守荥阳、成皋。荥阳西北有座敖山，山上有座秦时建立的小城，因为城内有许多专门储存粮食的仓库，所以称为敖仓，它是当时关东最大的一个粮仓。在项羽猛烈的攻击下，刘邦计划后撤，把成皋以东让给项羽。刘邦想听听郦食其的想法。郦食其说："王者以民为天，而民以食为天。楚军不知道守护粟仓而东去，这是上天帮助汉朝成功的好机会啊！如果我们放弃成皋，退守巩、洛，把这样重要的粮仓拱手让给敌人，这对当前的局面是非常不利的啊！希望你迅速组织兵力，固守敖仓，一定会改变目前不利的局势。"刘邦依计而行，终于取得了胜利。

中国饮食文化历史悠久，分为生食、熟食、自然烹饪、科学烹饪4

个发展阶段，推出 6 万多种传统菜点，2 万多种工业食品，因为五光十色的筵宴和流光溢彩的风味流派，获得"烹饪王国"的美誉。

中国饮食文化涉及食源的开发与利用、食具的运用与创新、食品的生产与消费、餐饮的服务与接待、餐饮业与食品业的经营与管理，以及饮食与国泰民安、饮食与文学艺术、饮食与人生境界的关系等，深厚广博。

中国饮食文化可以从时代与技法、地域与经济、民族与宗教、食品与食具、消费与层次、民俗与功能等多种角度进行分类，展示出不同的文化品位，体现出不同的使用价值，异彩纷呈。

中国饮食文化突出养助益充的营卫论（素食为主，重视药膳和进补），并且讲究"色、香、味"俱全；五味调和的境界说（风味鲜明，适口者珍，有"舌头菜"之誉）；奇正互变的烹调法（厨规为本，灵活变通）；畅神怡情的美食观（文质彬彬，寓教于食）这 4 大属性，有着不同于海外各国饮食文化的天生丽质。中国的饮食文化除了讲究菜肴的色彩搭配要明媚如画外，还要搭配用餐的氛围营造一种情趣，它是中华民族的个性与传统，更是中华民族传统礼仪的凸现方式。

中国饮食文化直接影响到日本、蒙古、朝鲜、韩国、泰国、新加坡等国家，是东方饮食文化圈的轴心；与此同时，它还间接影响到欧洲、美洲、非洲和大洋洲，像中国的素食文化、茶文化、酱醋、面食、药膳、陶瓷餐具和大豆等，都惠及全世界数十亿人。

总之，中国饮食文化是一种广视野、深层次、多角度、高品位的悠久区域文化，是中华各族人民在 100 多万年的生产和生活实践中，在食源开发、食具研制、食品调理、营养保健和饮食审美等方面创造、积累并影响周边国家和世界的物质财富及精神财富。

第二节 中国的传统宴席

> **原文**：云上于天，需。君子以饮食宴乐。
>
> ——出自《周易·需卦》
>
> **释义**：水汽聚集天上成为云层，密云满天，但还没有下雨，象征等待。君子在等待时要保持平常的心，照常饮食宴乐，即在等待的时候积蓄力量。

宴会，又称燕会、筵宴、酒会，是社交与饮食结合的一种形式。人们通过宴会，不仅获得饮食艺术的享受，而且可增进人际关系。

中国宴会较早的文字记载，见于《周易·需卦》中的"饮食宴乐"。随着菜肴品种不断丰富，宴饮形式向多样化发展，宴会名目也越来越多。历代有名的宴会有乡饮酒礼、百官宴、大婚宴、千叟宴、定鼎宴等。今宴会已有多种形式，通常按规格分，有国宴、家宴、便宴、冷餐会、招待会等；按习俗分，有婚宴、寿宴、接风宴、饯别宴等；按时间分，有午宴、晚宴、夜宴等；另外还有船宴等。

乾隆五十年（1785）正月初六日，乾隆帝在乾清宫举行了千叟宴。整个宫内觥筹交错，熙熙攘攘，殿廊下布50席，丹墀内244席，甬道左右124席，丹墀外左右382席，计800席之多。这些人中有皇亲国戚，有前朝老臣，也有从民间奉诏进京的老人。

席间，乾隆召一品大臣及 90 岁以上者至御前，亲赐饮酒。又命皇子、皇孙、皇曾孙在殿内依次敬酒。赐予大家诗刻、如意、寿杖、朝珠、缯绮、貂皮、文玩、银牌等。

这场酒局体现出来的皇家气派自与民间大不相同。所有皇家贡品酒水也都全免。在这五十年一遇的豪宴上，老人们一边说着"多亏了朝廷的政策好"，一边大快朵颐，狼吞虎饮。据说晕倒、乐倒、饱倒、醉倒的老人不在少数。

一般说来，宴会都有特定的主题，如国际友好往来、庆贺新婚、生日、宾朋团聚、各种庆典活动等，这类宴会往往有着明确的目的和意义，整个宴会都围绕主题进行。典型的主题宴会有以下几种：

国宴，是国家元首或政府为招待国宾、其他贵宾或在重要节日为招待各界人士而举行的正式宴会。国宴以国家的名义举行。国宴主要分为两类，一是以国家名义举行的庆祝国家重大节日如国庆节等而举行的宴会，由党和国家领导人主持，邀请驻华使节、外国驻华的重要机构、记者及国家各有关部门的负责人，还有人大、政协、群众团体代表、劳动模范等出席，宴会厅内悬挂国徽；二是以国家名义邀请来访的国家元首或政府首脑出席的宴会，宴会厅内悬挂双方国旗，设乐队，奏国歌，席间致辞，菜单和座席卡上均印有国徽。国宴的特点是：出席者的身份高，接待规格高，场面隆重，政治性强，礼仪严格，工作程序规范、严谨等。

国宴菜博采国内各菜系之众长，按"以味为核心，以养为目的"的要求，上及宫廷肴馔谱录，下采民间风味小吃，外涉世界各国名菜，内及国内八大菜系，广采博取，撷英集精，形成独具特色的系列菜系，突出体现了现代饮食"三低一高"（低盐、低糖、低脂肪、高蛋白）的要求。口味中西结合，科学合理配膳，注重保健养生之功效。人民大会堂国宴菜被称为"堂菜"，是国宴菜的一个重要代表，其特点是：用料珍贵，选料精细；以味为本，鲜咸为主；刀工严谨，调味细腻；质地软嫩，色泽素淡；点缀得体，造型典雅。"堂菜"具有"清淡鲜嫩，形美色艳"的独特风格，是中华饮食文化的一枝奇葩。

钓鱼台国宾馆国宴菜被称为"台菜"，也是国宴菜的代表，其特点是：优选用料，精益求精；精密加工，讲求烹技；提炼升华，追求新味；中西结合，取长补短；合理配膳，讲求养生。"钓鱼台菜"具有"清鲜淡雅，醇和隽永"的风味特色，是中华饮食文化的精粹。

1949年10月1日，中华人民共和国成立。当晚，中央人民政府在北京饭店举行了新中国第一次盛大国宴。"开国第一宴"主要宴请的贵宾包括中共中央负责人、中国人民解放军高级将领、各民主党派和无党派民主人士、社会各界知名人士、国民党军队的起义将领、少数民族代表，还有工人、农民、解放军代表，共600多人。地点就设在北京饭店。

"第一宴"的菜谱直到现在都被奉为经典。冷菜四种：五香鱼、油淋鸡、炝黄瓜、肴肉；头道菜：燕菜汤；热菜八种：红烧鱼翅、烧四宝、干焖大虾、烧鸡块、鲜蘑菜心、红扒鸭、红烧鲤鱼、红烧狮子头。第二道和第三道热菜之间上四种点心，咸点有菜肉烧卖、春卷；甜点有豆沙包、千层油糕。中外宾客对菜点给予高度评价，这也为日后国宴的风格定下了基调。

婚宴，是人们在举行婚礼时，为宴请前来祝贺的宾朋和庆祝婚姻美满幸福而举办的喜庆宴会。婚宴主办者对饭店提出的要求很高，要求饭店提供精美的食品及最佳的服务。举办婚宴多在节假日，以便亲朋好友起来赴宴。许多新人选择星级饭店，看中的是其高雅的环境，还有"厅大，有舞台"，可以举行场面壮观、活动丰富的婚宴。

我国婚宴的特点主要是根据我国"红色"表示吉祥的传统，在餐厅布置、台面的装饰上，多体现红色；主桌设计得更美观，突出新娘、新郎的位子，桌与桌之间保持宽敞的通道，以便新娘、新郎向来宾敬酒；结婚宴会的菜肴名称要讲究讨口彩，如"红运四喜""满地金钱""百年好合""龙凤呈祥""年年有余"等。

寿宴，是人们为纪念老人的出生日和向老人表达孝心而举办的宴会。寿宴的特点是：菜点形式上突出祝寿之意。如将冷盆制成松柏常青或松鹤延年图案，点心按我国传统的习惯，配寿桃、寿面。

寿宴会场布置：金碧辉煌，餐桌上铺红色的台布，中间摆放葱绿鲜艳的美丽植物，大厅周围张灯结彩，红红的灯笼点缀在其间，显示寿堂的喜庆热烈气氛。墙壁上贴着由儿女、子孙亲自写在红纸上的寿字图案，或者大型松柏、仙鹤祝寿图，突出了环境的主题，热烈且美观。写一副"天增岁月人增寿，春满乾坤福满门"内容的寿联，寿联簇拥着一个大大的红色"寿"字。"寿"字下有 2 张寿星椅，它的左右两端各摆放有一大一小两张礼案（即方桌），礼案上摆放有福寿禄三星、鲜寿桃等祝寿物品。寿堂下面列有四个装有无数小气球的大气球和扎有红色彩带的大礼包，用来放置儿女、儿孙给老寿星贺寿的礼物。背景音乐：步步高、祝寿歌。

在寿宴上，先招待鸡蛋、茶点、长寿面。有不少地方，请全村、全族吃寿面，未到的还送上门。吃寿酒，寿星本人一般不在正堂入座，而是找几个年龄相仿的老者作陪，在里屋另开一席。菜肴多多益善，取多福多寿之兆。寿宴过后，寿翁本人或由儿孙代表，向年高辈尊的亲族贺客登门致谢，俗称"回拜"。富有人家还于晚上请戏班坐棚清唱（不化妆、不表演、不登台），但有鼓乐伴奏。大多唱喜庆戏文，如《打金枝》《九锡宫》等。

万历三十四年（1606），歙县有名的乡绅方采山九十大寿。明代社会一直倡导敬老尊贤的社会风尚，方采山九十大寿时国家天子存问，因先生年德弥高受到国家爱戴。除了天子存问以礼优待，郡县守相都奉行诏书，带着厚礼登门拜谒，旌旗相继立于巷左，巡抚和使者都来家里檄文旌表，以此树立良好风气，崇敬德高望重的老人。

当时来上寿的有乡内缙绅和文人之士，各依次序上寿，并请鲍应鳌写寿序为此来庆寿。可见年高德重的官员过寿时，备受地方官和文人的尊敬爱戴，都前来祝寿。

纪念宴会，是指为纪念某人、某事或某物而举办的宴会，要求有一种纪念、回顾的气氛。因此在宴会布置时有特殊要求：要有突出纪念对象的标志，宴会厅或会客室里悬挂纪念对象的照片、文字或实物，在纪念宴会上可能有较多的讲话或其他活动，需及早准备，并相应地做好服务工作。

便宴，也称非正式宴会，分午宴和晚宴两种。一般来讲，晚宴要比午宴正规和隆重一些，因为晚上的时间一般要比中午更为充裕一些。近年来，也有人利用午餐和早茶的时间举行便宴。便宴的特点是形式简便，不排座席，不做正式讲话，菜肴、酒水也较为随便。这类宴请适用于朋友之间的日常相互往来。家宴也是便宴的一种形式。家宴是指主人在自己家中招待客人，往往由主妇亲自下厨掌勺，烹调自家的拿手菜，同家人一起共同款待客人。

1939年8月28日，臧克家、姚雪垠以抗敌青年军团宣传科教官、司令长官部秘书、第五战区战时文化工作团团长身份，来阜阳开展抗战宣传和抗战文艺指导活动。当晚，阜阳本地媒体《淮上新报》艺术社在洞天春酒楼设便宴招待。

因为宴请的是臧克家、姚雪垠等文化名人，即使是便宴，主人也不敢怠慢，把洞天春的招牌菜、当家菜都端上了桌，先凉后热，先咸后甜，先酒菜后饭菜。而跑堂的摆席十分讲究。菜到话到，头菜对主客，五味岔开，荤素互兼色形等搭配恰到好处，赏心悦目，尤其是洞天春的桂花皮丝、功夫鱼、芙蓉鸡片、锅贴腰子等几道阜阳传统名菜，让臧克家、姚雪垠一行赞不绝口，整个宴会气氛热烈欢快。

第三节　史上有名的饭局

原文：樊哙覆其盾于地，加彘肩上，拔剑切而啖之。

——出自《史记·项羽本纪》

释义：樊哙把他的盾牌扣在地上，把猪腿放（在盾）上，拔出剑来切着吃。

在中国历史上，饭局与政治永远保持着若即若离的关系。每一个饭局，都是人与人之间的较量。饭桌可以改变历史，筷子也可以涂改史书。历史上最著名的饭局，要数鸿门宴、"煮酒论英雄"和"杯酒释兵权"了。

鸿门宴是中国人最熟知的饭局，因为它改变了历史的走向和个人的命运。

这个著名饭局说的是在秦朝末年，刘邦与项羽各自攻打秦朝的部队，刘邦兵力虽不及项羽，但刘邦先破咸阳，项羽勃然大怒，派英布击函谷关。刘邦的左司马曹无伤派人在项羽面前说刘邦打算在关中称王，项羽听后更加愤怒，下令次日一早上兵士饱餐一顿，击败刘邦的军队。

一场恶战在即。刘邦从项羽的叔父项伯口中得知此事后，惊讶无比，刘邦两手恭恭敬敬地给项伯捧上一杯酒，祝项伯身体健康长寿，并约为亲家。刘邦的感情拉拢，说服了项伯，项伯答应为之在项羽面前说情，并让刘邦次日前来谢项羽。

鸿门宴上，虽不乏美酒佳肴，但却暗藏杀机。项羽的亚父范增，一直主张杀掉刘邦，在酒宴上，一再示意项羽发令，但项羽却犹豫不决。范增召项庄舞剑为酒宴助兴，想趁机杀掉刘邦。项伯为保护刘邦，也拔剑起舞，掩护了刘邦。在危急关头，刘邦部下樊哙带剑拥盾闯入军门，怒目直视项羽。

项羽见此人气度不凡，问来者为何人，当得知为刘邦的参乘时，即命赐酒，刘邦乘机一走了之。刘邦部下张良入门为刘邦推脱，说刘邦不胜酒力，无法前来道别，现向大王献上白璧一双，并向大将军范增献上玉斗一双。不知深浅的项羽收下了白璧，气得范增拔剑将玉斗撞碎。

关于这场饭局的一切信息告诉我们，鸿门宴绝对不是一个成功的饭局，无论是对于设局人还是对于入局人而言。设局人项羽与范增之间就不默契，入局人刘邦明知道这是个圈套，还非得去，是生是死全凭老天。比较失败的就是陪吃的项伯，居然成了拯救入局人的英雄，当然，最失败的应该是局托项庄，平时把剑舞得风响，关键时刻却舞得一无是处。正是项羽的妇人之仁，使得他在以后败于刘邦，汉朝得以建立。

而"煮酒论英雄"这个饭局，则打破了行将大一统的局面，开创了一个新的时代——三国。

这个饭局讲的是在东汉末年，曹操挟天子以令诸侯，势力大增；刘备虽为皇叔，却势单力薄，为防曹操谋害，不得不在住处后园种菜，亲自浇灌，以为韬晦之计。

一天，刘备正在浇菜，曹操派人请刘备入府。曹操说，刚才看见园内枝头上的梅子青青的，想起"望梅止渴"之往事，恰逢煮酒正熟，故邀你到小亭一会。刘备随曹操来到小亭，只见已经摆好了各种酒器，盘内放置了青梅，于是就将青梅放在酒樽中煮起酒来了，二人对坐，开怀畅饮。

酒至半酣，突然阴云密布，大雨将至，曹操大谈龙的品行，又将龙比作当世英雄，问刘备，请你说说当世英雄是谁，刘备装作胸无大志的样子，说了几个人，都被曹操否定。曹操单刀直入地说："当今天下英雄，只有你和我两个！"刘备一听，吃了一惊，手中拿的筷子，也不知不觉地掉到地上。

正巧突然下大雨，雷声大作，刘备灵机一动，从容地低下身拾起筷子，说是因为害怕打雷，才掉了筷子。曹操此时才放心地说，大丈夫也怕雷吗？刘备说，连圣人对迅雷烈风也会失态，我还能不怕吗？刘备经过这样的掩饰，使曹操认为自己是个胸无大志、胆小如鼠的庸人，曹操从此再也不疑心刘备了。

从这次饭局中我们看出刘备是个出色的演员，把英明一世的曹操都忽悠了。

"杯酒释兵权"这个饭局，开启了宋朝数百年重文轻武的国家体制。

这个饭局讲的是宋太祖即位不久，就开始设法解除拥护他登皇帝位的统兵将领的兵权。一天，他专门设宴，将高级将领石守信、高怀德、王审琦、张令铎、赵彦徽等请入宫中。饭饱酒酣之时，宋太祖说："我当上皇帝，全靠你们。可当了皇帝以后，晚上却经常失眠。"石守信等忙问其故。宋太祖答道："你们都对我忠心耿耿，并无异心，我担心的是如果你们部下有贪图富贵之人，有朝一日也强将黄袍加身，你们就是不想当皇帝也不行啊。"

石守信等人惶恐着请太祖指点一条生路。太祖便委婉诱导他们交出兵权，出守藩镇，多购良田美宅，为子孙创下永久的家业。还可多养些歌儿舞女，每日饮酒取乐，以尽天年。如果能这样的话，君臣之间互不猜疑，上下相安。

石守信等人大悟，第二天便上表假称有病，要求解除兵权。太祖欣然同意，罢免了他们的军权。

宋太祖的做法后来一直为其后辈沿用，三军统帅常常是个文官，武人比文人低一等。这种做法主要是为了防止兵变，但这样一来，兵不知将，将不知兵，能调动军队的不能直接带兵，能直接带兵的又不能调动军队，虽然成功地防止了军队的政变，但却大大削弱了部队的作战能力。以至宋朝在与辽、金、西夏的战争中，连连败北。

第二章

请客有学问，
方法各不同

第一节　先用好请柬

> **原文**：小僧心病发了，去不得。有一柬帖，与我呈上恩王。
>
> ——出自《京本通俗小说·菩萨蛮》
>
> **释义**：小僧的心病发作了，去不了。有一张柬帖，让我呈给王爷。

请柬，又叫请帖、柬帖，是为了邀请客人参加某项活动而发的礼仪性书信。中国自古是个礼仪之邦，十分看重待客的礼节。因此，古人在婚礼、冠礼等重大宴会上都会发请柬给客人，请柬的使用历史十分悠久并一直延续至今。

使用请柬邀约，既可以表示对被邀请者的尊重，又可以表示邀请者对此事的郑重态度。所以请柬在款式和装帧设计上应美观、大方、精致，使被邀请者体味到主人的热情与诚意，感到喜悦和亲切。

运用请柬邀约在宴会邀请各种形式中是一种比较严肃正规的方式。如果不能合理地运用请柬，便会弄巧成拙。

国庆期间，张明准备与相恋已久的女友结婚。他计划邀请单位同事以及一些朋友来参加婚礼。印发请柬时，未婚妻问他："你们办公室张主任和她先生是发一张还是发两张请柬啊？""发一张吧，两口子发两张干吗？"张明头也没抬地说。

张明的喜宴设在梨园大酒店。当天是个好日子，在汇林大酒店设喜宴的有三家，所以三家说好持请柬入宴，免得各家的客人搞混了。张主任夫妻二人原本是一起到的，但她先生由于找车位费了点时间，张主任就事先入场了。等到她先生停好车打算进宴会厅时却被接待拦住了，接待说："这位先生，今天我们这层被包下了，办喜宴，如果你想用餐请到其他楼层。"张主任的先生说："哦，我知道，我也是来赴宴的。""啊呀！不好意思啊，请问您是到哪家啊，可否出示您的请帖，顺便在这边签个到。"接待道歉地说。"请帖我太太拿着的，她应该先进去了，我们是来参加她同事张明的婚礼的。"张主任的先生说。"对不起，我们今天这边三家举办喜宴，有两家姓周，所以，我也不知道您入哪个厅……"最后，实在没有办法，张主任的先生只能打电话将张主任叫出来才得以入厅，但是当时他的脸色很难看。

前来赴宴被拒之门外的滋味肯定不好受。再看张主任，也是一脸的不悦，嘴里还直嘀咕："既然是持请柬入席，干吗不发两张啊！"

张主任是张明所在单位的领导，宴请的第一步就令领导不开心。事后，张明十分后悔，还专门为此事而登门向张主任道歉。

发放请柬要考虑周全，该发给谁，该发几张，都要想明白，绝不能掉以轻心。如果张明事先知道有两家与他在同一时间、同一地点举办喜宴，那他应该会考虑到专门安排人在门口接待并引入宴会厅；如果张明事先知道张主任和她先生先后入席，那他就会送发两张请柬（国际上的通常做法，如邀请夫妇两人，可合发一张请柬。我国国内有些场所需凭请柬入门，所以要夫妇两人各发一张）；如果张主任知道持请柬入席，也会等丈夫一起入席。

张明在使用请柬上过于草率，没有顾及夫妻两人共用一张请柬带来的不便，事先也没有设计好应对的方法，也只能承受得罪人的后果了。而故事中的张主任这顿饭绝不会吃得那般舒心，而张明也觉得很没面子。

所以说，无论是设宴请客还是应邀赴宴，走好饭局第一步十分重要。不要小看一个小小请柬，把握不好连客人都请不来。因此，你应该熟练掌握请柬的使用方法。

请柬的内容包括活动的主题、形式、时间、地点、主办单位的名称或主人的姓名等。外文请柬通常还打上被邀人的姓名、称呼。中文请柬则习惯把邀请人的姓名、职位写在信封上。请柬行文不用标点符号，其中的人名、单位名、节日名皆用全称。请柬可印制，也可手写。手写时应字迹清晰美观。

请柬书写要注意四点：

一、文字要美观，用词要谦恭，要充分表现出邀请者的热情与诚意。

二、语言要精练、准确，凡涉及时间、地点、人名等一些关键性词语，一定要核准、查实。

三、语言要得体、庄重。

四、在纸质、款式和装帧设计上，要注意艺术性，做到美观、大方。

请柬应提前一周发出，以便被邀请人及时安排，太晚了会使人感到措手不及，也显得不礼貌。已经口头约好的也以补送请柬备忘为好，可在请柬右上角注明"备忘"字样。如需了解对方能否出席，可在请柬左下角注明"请答复"；如仅要求不能出席者给予答复，则可注上"不能出席者请答复"，并注明举办方的联系电话。另外，也可以在请柬发出后打电话询问对方是否出席。如事先安排好座次对宴请，可在请柬左下角注明席次号，以方便来宾顺利就座。

俗话说："好的开头是成功的一半。"请柬运用得当，将客人顺利邀请到宴席，这个饭局就成功了一半。如果开头一步就错了，很难继续走下去。

第二节　宴请领导重"敬"

原文：吃人嘴软，拿人手短。

——出自《冀鲁春秋》

释义：吃人家的饭食了，必要的时候就要给人家说好话；拿人家的东西了，就不要再对人家动手动脚了。引申意思就是收了别人的好处，就要帮别人办事。

不论是职场还是官场，领导始终是影响一个人前途的重要人物。身为下属，宴请领导吃饭一定要慎重对待，即使你和领导有很深的交情，也丝毫马虎不得；否则，宴请不当，往往会适得其反，给领导留下不好的印象，甚至还会导致自己日后升职无望。

宴请领导的目的不外乎两种：一种是表示庆贺。如工作上取得成绩，或者晋升、涨工资等。另一种是请求帮忙。既然是有求于人，在礼仪上就更应该予以重视。而在餐桌上表现自己最恰当的方法莫过于优雅的举止谈吐。按照这样的思路，运用类似的方式来获得领导的信任，在工作中，领导才会更有信心把任务交给你去做。

"吃人嘴软，拿人手短"，这个观点在物质贫乏的时代还可以说得过去。如今人们的物质生活水平提高了，做领导的物质生活都比较富裕，除非是为了业务，否则根本不会为了吃饭而吃饭。因此，身为下属，邀请领导吃饭要慎重对待。

请领导吃饭，首先你要选择合适的时机，让很重要的工作告一段落，最好是大功告成，任务圆满完成半个月之内，或者你刚得到提升或者你想给领导一个很重要的建议或者你想引起领导重视时，可宴请领导。

如果你与领导关系比较密切，比如你们是同学或邻居，那么你可随时请他，他也可随时请你。

新上任的经理可以请老总吃午餐，因为会有很多事情可以谈，但总有点勉强。邀请领导到家做客，则显得不合适了，除非你们有非常亲近的关系。

请领导的机会把握不好不仅领导请不来，自己还碰一鼻子灰，以后再请就难了。

邀请领导赴宴，找准了合适的机会，还必须找个合适的理由，否则领导也是请不来的，这场局也进行不下去。所以必须在尊敬领导的前提下，寻找最合适的理由对领导发出邀请。

李宏来公司有三个月了，刚从大学的校门走出来，虽然经验不足但是他工作很用心，可他总感觉领导不太重视自己，很配给自己的都是些跑腿打杂的事。

一天，他跟同事闲聊，意外得知王经理觉得他有些木讷，所以想让他多做些基础的工作。李宏初入职场，对纷繁的人际关系一无所知。但他见同事总找理由请王经理吃饭，王经理时不时欣然前往，总算是明白过来了。

过了几天，下班后，同事们下班陆续走了。李宏在打印文件，这时经理进来了。"小张，帮我把这份文件复印一份，我明天见客户要用。"王经理说完就回办公室了。李宏把文件交给王经理后，王经理顺口问："付华啊，工作有没有不适应的地方？平常要勤问，不懂的多问问前辈，要提高效率。"

李宏说："经理，我正有事要请教您呢！我知道您是咱们这行的专家，经验丰富，希望可以获得您的指导。不过，今天太晚了，要不咱们边吃边聊？经理可一定得赏脸啊，让我做回东。我知道经理是湖北人，对街正好有个不错的湖北菜馆，听说那里的武昌鱼做得很不错！"王经理说："行，咱们现在就去。"

那天晚上李宏与王经理谈得很开心，从工作内容聊到大学生活……

以后的日子里，李宏的工作表现越来越好，王经理也越来越赏识他，交给他任务也特别放心。

在这个案例中，李宏邀请王经理时不但机会选得好理由也找得好，因此经理就很自然地接受了，并且达到了自己与经理拉近关系的目的。因此，找一个合适的机会和恰当的理由是宴请领导的关键点。

另外，宴请领导还要掌握几个基本原则。

一、礼节再多，表现再多尊敬都不为过。宴请领导你时刻要牢记的就是一个"敬"字。大部分领导年长于我们，如果上下级的礼数掌握不好，那就按长幼的礼数来。

二、如果你平时不会花言巧语，学不会别人的圆滑，那你就实在一点儿，以免弄巧成拙。当然，不是说实在到不会说话，而是不要刻意组织华丽的语言。

三、很多事情，不要说起来没完。你对领导有所求，领导心里有数，没必要反复说明白，说多了就招人烦了。

四、先打听一下领导爱吃的东西，点菜时就没必要问来问去了。领导爱吃的，不需多点他就满意，反之，点一大堆，没有他中意的，一样白扯。

五、宴请领导一定要量力而行，务必从实际需要和实际能力出发，切不可虚荣、铺张、打肿脸充胖子，这样领导才领你的情，而不怀疑其是"鸿门宴"，从而拒绝你的邀请。

第三节　宴请下属重"情"

原文：定公问："君使臣，臣事君，如之何？"孔子对曰："君使臣以礼，臣事君以忠。"

——出自《论语》

释义：鲁定公问："君王使用臣子，臣子侍奉君王，应该怎样呢？"孔子回答说："君王要以礼节来对待臣子，臣子要以忠心来侍奉君王。"

现代社会，要照看好一个团队，需要有足够的社交技巧，不但要鼓励你的团队成员努力工作，还应在他们取得成绩时给予奖励。如果公司不能为他们提薪，你不妨自掏腰包请大家出去吃顿午餐或晚餐。不要摆出施恩者的模样，要将下属想成跟自己一样有价值、有智慧的人，他们只是目前的资历不如你，或是你们各自拥有不同的优势。

领导在宴请下属时，有时是需要放低自己的姿态的，处理好上下级关系，掌握好领导与下级的沟通艺术，既能为组织营造和谐的人际氛围，又能使交际双方心情舒畅、工作顺利、事业成功。

周挺在一家公司任职部门经理。在周挺的激励下，部门的员工都十分卖力。月底考核结束，周挺的部门业绩是最好的。周挺借跟老板谈话的机会，试探性地问下能否给部门员工涨工资。

结果，老板说："现在生意难做，公司总的业绩还有待提高。"周挺得知老板没加工资的意向，也十分烦恼。毕竟自己这个经理的位子是靠手下辛勤的员工支持的。周挺手下的员工本来指望着拿了好业绩就涨工资，结果空欢喜一场。这段时间，手下的员工工作激情大大消减。周挺心里很着急，就决定请部门员工吃顿饭。

一天，快下班时，他主动去跟每一位员工说："这段时间大家太辛苦了，听说楼下那家川菜馆很不错，晚上我们去放松一下。"领导请吃饭，不想去也得勉强答应，餐桌上，周挺看得出来大家有些拘束。为了使气氛活跃起来，周挺说："我先讲个笑话，让大家放松下，如果你们有更好的也讲出来大家分享。"

"话说，一求职者去面试。经理问他：'有何特长？'求职者说：'手臂特长。'经理又问：'会些什么？'求职者说：'什么都不会。'经理再问：'那来干什么？'求职者说：'为了坐上你那位置。'经理很生气地吼道：'姓氏？'求职者说：'我不姓四，姓伍。'经理决定打发走人，就说：'你缺乏超人的胆量。'求职者重重地打了经理一巴掌，大声说：'现在你认为呢？'"

故事没讲完，周挺拿腔拿调的表情逗得大家都乐了，拘束的气氛顿时缓和了。周挺最后借此向员工承诺，只要你们做好业绩，他会继续向老板争取加薪的。饭后，员工的疑虑涣然冰释。

从此，周挺手下的员工也唤起了以往的工作热情。事实摆在面前，在周挺的屡次争取下，年底老板终于答应给该部门员工涨工资发奖金。

周挺请下属，并没有高高在上地摆领导架子，他一开始就表现得很有亲和力。再加上周挺席间幽默风趣的表现，使得宴会气氛最终活跃起来。他真情的许诺也打动了每一位员工，重新点燃员工的工作热情。

要想当好领导，唯有笼络下属。对下属诚恳、真挚，才能凝聚成坚不可摧的向心力。

领导请下属吃饭，下属多少都会感到有些压力，餐桌上表现的很不自在，甚至出现冷场。

这样，你请客的目的就泡汤了。

作为一个有心的领导，你必须洞悉下属的心理，了解下属赴宴时普遍存在的问题，这样才能有的放矢，避免下属食不下咽，同时又感受不到你的良苦用心，从而导致无效沟通。那么具体怎么做才能让这顿饭吃得更有意义吗？

一、让下属感觉他很重要

每个人身上都有个无形的胸卡，上面写着"让我感到我的重要"。这句话揭示了与人相处的关键所在。因此，你一定要让他感到自己很重要，比如时常关心一下他的工作、生活情况。哪怕只是一句温暖的问候，也会让他感到自己很重要，从而觉得你是个通情达理的领导。

二、真正宽容下属

如果你的下属是因为做错了事，想获得你的原谅才请你吃饭的，只要他的错误无关原则问题，你都应该适当表态，可以稍稍训斥一番，然后对他表示理解和宽容。

三、体现人性化的一面

如果下属是曾经与你产生分歧，甚至发生争执，事后你特意请他吃饭便是和解的话，你该适度进行一番自我批评，点明双方的争执是由于一时过于主观，最好能幽默地化解彼此的紧绷情绪，体现人性化的一面。

让下属明白你是一个就事论事的人，绝不会在背后做小动作，给他穿小鞋。

总之，作为一名上司，领导着一帮下属，虽然掌握着别人的"生杀大权"，但你不是万能的，许多事你单打独斗是不行的，总有需要下属帮忙的时候，所以，请下级吃饭要以情动之，不断积累人脉，以备后用。

第四节　邀请客户赴宴重"诚"

> **原文：** 诚者，天之道也；思诚者，人之道也。
>
> ——出自《孟子·离娄章句上·第十二节》
>
> **释义：** 诚信是自然的规律，追求诚信是做人的规律。

生意人常说"客户是上帝"，所以都想搞好与客户的关系，既然如此，宴请是免不了的。成功的商业人士善于记录客户的资料，研究重要客户的各方面资料，分析其喜好。邀请客户吃饭应注意要真诚对待不同类别的客户。"诚"就是真诚相邀，不虚情假意，不违约、不失信，竭尽所能满足客户的需求，令其欢欣而来，满意而归。

钱孟是个不善言谈的人，但是，大学毕业之后她却选择了业务行业，刚开始工作，一路跌跌撞撞。看到同事们都有自己的固定客户，并时常请客户吃饭喝酒，联络联络感情，钱孟很是沮丧，她也很想邀请一些客户共进晚餐，但是都被客户以各种理由婉言谢绝了。

钱孟想不到什么好办法了，只好向那些前辈请教，同事说："一般客户拒绝业务员的示好，都是一种防范心理在作祟，所以，你在请他的时候一定要有合理的理由，让他看出你的诚意，我只能跟你讲这么多，一切还要靠自己去悟了。"听了前辈的话，钱孟似懂非懂，但是，她知道，最大的症结所在还是自己不善言辞，唯唯诺诺地让人产生不了信任之感。于是，她虚心向擅长言谈的亲朋好友请教，吸取了丰富的实践经验，并在实践中灵活应用，很快就改变了被拒绝的苦恼局面。

如今，钱盂的业务已经越做越好，有很多老客户，而且仍然在不断发展自己的新客户。钱盂发现自己也变得很善谈，并且越来越自信。为了可以邀请成功，钱盂花费了不少心思，总算是功夫不负有心人，钱盂终于有所收获。其实，一次成功的邀请也并不是很难，抓住两个关键点即可：一是随机应变地抓好时机，二是态度和措辞一定要诚恳。

接下来为大家介绍五种成功邀请到顾客的妙招：

一、临近饭点发出邀请

约客户的时候选在临近饭点的时候，在你和客户聊得正开心之时，"正巧"到了吃饭的时间，此时你向客户发出邀请就会显得自然又合理了，通常情况下，只要你一再坚持，客户就会同意的。

二、达成合作之后发出邀请

在你和客户合作达成之时，你可以就势邀请客户一起吃饭，通常这个时候客户也是非常乐意给你这个面子的，这顿饭吃好了，那么你们的下一次合作也就差不多了。

三、合作之后发出邀请

在你们合作之后，你也可以设一次答谢宴，这时，你可以给客户打电话邀请，也可以亲自登门邀请。如果你一次邀请了几位客户，一定要在邀请的时候告诉每位客户都有谁到场，以免出现有的客户不满意的情况。

四、合作期间发出邀请

在你们合作期间，你也可以打电话邀请客户，但是在邀请的时候一定要向客户表明你邀请的用意以及大致情况，防止客户有避讳贿赂之嫌而给予拒绝。这个时候你可以以有什么问题需要请教对方，或者是想和他聊聊，交个朋友为理由。总之，邀请诚恳即可。

五、为加深感情以私人名义发出邀请

为了了解客户信息和加深客户感情，你也可以在你们没有合作的情况下邀请对方，即以私人交往的名义请客户吃饭。你可以告诉客户你现在正好在他家或者是公司附近，这家餐馆听说很不错，请他一起来坐坐。总之，邀请客户时一定要有礼貌且体现出诚意，这样你的邀约才不会被拒绝，这样的成功邀请也就为你的生意开启了成功之门。

第五节　宴请异性重"礼"

原文： 安得柳下惠，穷年与之游。

——出自黄庭坚《放言十首·兰楫桂为舟》

释义： 怎能得柳下惠，全年跟他一起出游。

作为一个文明的现代人，宴请异性朋友，尤其是男士宴请女士时，要特别注意礼仪。这不仅体现了你对对方的尊重，还体现了你的涵养。

张浩与王琳在一家公司工作。王琳由于是新员工，对公司业务不太熟悉，而张浩是公司的老员工，就热情帮助王琳。渐渐地两人熟悉了，而张浩对王琳产生了好感。张浩便想找机会约王琳吃饭。一天，下班后，张浩便跟王琳一起出了公司门口，张浩突然说："王琳我请你吃饭吧！"王琳不好意思地说："今天太晚了，等下次吧。"

过了一段时间，张浩还是不死心，经常给王琳打电话约琳琳一起吃饭。王琳每次总是找理由推脱掉。张浩对此很是烦恼。王琳见张浩总找机会请自己吃饭，但心里并不喜欢张浩。她只想跟张浩维持普通的朋友关系，不想进一步发展。

"光棍节"那天张浩下定决心一定要请王琳吃饭，下班后张浩便紧跟在王琳后面，说："王琳，我请你吃饭请了好多次，你都不去。这次你就给个面子吧！"王琳就说，今晚回去有事不能去。张浩急了，以为王琳觉得他不够诚意，伸手就拽王琳往餐馆走。这下王琳恼了，甩手就走了。从此，两人相见相陌路人一样。

张浩一厢情愿地请王琳吃饭最终碰了一鼻子灰，不仅做不成情人连普通朋友也做不成了。请异性吃饭，尤其是男性请女性吃饭必须懂礼貌，绝不可以冒冒失失地。请异性吃饭，过多热情，最终适得其反。男性请女性吃饭必须表现出绅士风度，对方不同意，绝对不可以生拉硬拽。

如果是已经进入恋爱阶段的男女，请异性吃饭是最经常不过的事。

在初恋阶段，一般是男孩主动请女孩吃饭。男孩邀请女孩吃饭，最好选择像麦当劳、肯德基这类大众化的快餐厅。因为刚开始双方对于对方的口味不是很了解，而快餐店卖的炸鸡、可乐和汉堡一般人都不会排斥，不失为上上之选。同时，这些快餐店经常会赠送一些精致的小礼物，如果想讨女孩子欢心，买套餐搭送一个史奴比玩具狗，对方就能高兴好几天。

男士第一次正式请女性朋友吃饭千万不能大意，宜选择人多、明亮的地方，这样女朋友才能有安全感，才愿意接受你的第二次邀请。但是如果女朋友对你本就有意，也可以挑选人少、灯光暗淡、周围都是情侣的餐厅，如此对促进恋人之间的感情事半功倍。当然，要注意找一个角落的位置，如此即可避开众人的目光，缓解女性朋友的紧张心理。而且，你还要请她坐在背朝门口的位置，这样她的视线就会以你为中心，同时你自己还能看清整个餐厅的情形，能在平静的气氛中引导谈话内容。

如果是女性约会男性共餐，也要注意采取什么样的方式邀请，要具体问题具体分析，根据交际的目的、性质以及对方的身份来定。学者、专家、企业老总等，大多业务繁多、工作繁忙，和他们约会最好提前预约，方便他们安排时间；对于时间充裕、工作便于调整的人提前预约自然更好，不过即使临时邀请，一般也可以随请随到；对于那些团体的重要人物，要公开邀请，甚至借助传播媒介，既能体现公正无私、光明磊落，避免对方太太误会，又利于引起关注，从而促进宣传、扩大影响；邀请男朋友则可悄悄进行，没必要大张旗鼓，以便于交往活动顺利进行。

假如是一般往来关系的人，招呼一下、打个电话、发条信息也就可以了。较重要的工作联系、业务关系、公关事务等，就必须采用相应的公文形式，如发书信、寄请柬等，或者派专人传达、亲自登门等，以体现对对方的重视与尊重。总之，邀请的方式要因人而异，因事而异。

和异性朋友进餐的时候，彰显风度和涵养最为重要，所以，一定要掌握好基本的餐桌礼仪，你要明白，这个时候，失礼也就是失去机会！另外，除了合适的动机和理由外，还要有合适的约会场所，这样才能让人放心赴宴，对方不会产生"无事献殷勤，非奸即盗"的感觉。

第三章

赴宴重仪表，
形象最重要

第一节　赴宴服饰的选择

原文： 始制文字，乃服衣裳。

——出自《千字文》

释义： 仓颉造出了文字，嫘祖制作了衣服。

赴宴是交际者经常性的活动之一，其中有许多值得注意的礼节。赴宴前，应注意仪表整洁，穿戴大方，最好稍作打扮。

服饰的选择不仅要适合个人的身份、年龄、性格和生理等方面的特点，而更要注意穿着的场所。国际流行的 TPO 原则，有一定的通用性。TPO 是英文 Time、Place、Object 三个英文单词的缩写，意思是时间、地点、目的。当人们在选择服饰的时候，就一定要注意这三个方面的要素。

一、时间

从时间上讲，一年有春、夏、秋、冬四季的交替，一天有 24 小时变化，显而易见，在不同的时间里，着装的类别、式样、造型应有所变化。比如，冬天要穿保暖、御寒的冬装，夏天要穿通气、吸汗、凉爽的夏装。白天穿的衣服需要面对他人，应当合身、严谨；晚上穿的衣服不为外人所见，应当宽大、随意，等等。

二、地点

从地点上讲，置身在室内或室外，驻足于闹市或乡村，停留在国内或国外，身处于单位或家中，在这些变化不同的地点，着装的款式理当有所不同，切不可以不变而应万变。例如，穿泳装出现在海滨、浴场，是人们司空见惯的；但若是穿着它上班、逛街，则非令人哗然不可。在国内，一位少女只要愿意，随时可以穿小背心、超短裙，但她若是以这身行头出现在着装保守的阿拉伯国家，就显得有些不尊重当地人了。

三、目的

从目的上讲，人们的着装往往体现着一定的意愿。即自己对着装留给他人的印象如何，是有一定预期的。着装应适应自己扮演的社会角色，而不讲其目的性，在现代社会中是不大可能的。服装的款式在表现服装的目的性方面发挥着一定的作用。自尊，还是敬人，颓废，还是消沉，是放肆，还是嚣张。

你的穿着打扮必须考虑是什么季节、什么特定的时间，比如说工作时间、娱乐时间、社交时间等；必须考虑到要去的目的地、场合。工作场合需要工作装，社交场合穿正装。还有就是要考虑到你的目的性。比如为了表达自己悲伤的心情，可以穿深色、灰色的衣服。由此得知，一个人身着款式庄重的服装前去应聘新职、洽谈生意，说明他郑重其事、渴望成功。而在这类场合，若选择款式暴露、性感的服装，则表示自视甚高，对求职、生意的重视，远远不及对其本人的重视。

"云想衣裳花想容。"相对于偏于稳重单调的男士着装，女士们的着装则亮丽丰富得多。得体的穿着，不仅可以显得更加美丽，还可以体现出一个现代文明人良好的修养和独到的品位。

一个人，无论他以什么样的身份在社会上活动，而在服饰方面都有一定的起码要求。着装反映了一个人的精神面貌，文化素养和审美水平。一个人重视社交场合的服饰与仪表是对人际关系的一种敬重，同样又是礼貌的表现，服饰与仪表可以帮助人员来完善自我形象。

可能的话，事先了解宴会的层次，尤其是赴宴宾客的穿着要求。一般婚宴场所，新人当然应以大礼服的主角身份出席，而双方父母，则是第二主角的身份，自然也应以正式宴会服出现。男士身着深色西装及色彩协调的衬衫领带，并配上主婚人的胸花。女士则以中式袍装，组合式长裙式的宴会装为主，由于须佩戴主婚人的胸花，所以，其他饰品的装饰，须以造型简单，多不如巧为原则。若是公司同仁所参加的晚宴，除了参考邀请函上，是否有服装要求外，尽可能了解主人的衣着品位层次，是正式晚礼服？或小礼服？还有参与宴会长官的可能穿着。如此，自己才可做适宜的打扮，千万别随兴而至，很可能抢到主人身份，或长官们的风采，或因太随便而失礼了。若是一般朋友聚餐或普通邀宴，可以穿着较柔和的套装或亮丽浪漫的洋装。再搭配合宜而具女性风格的手提包，将能营造温馨亲切的聚餐气氛。

第二节　男士赴宴注意整体形象

原文：束带矜庄，徘徊瞻眺。

——出自《千字文》

释义：穿衣着装要整齐端庄，举止要从容，要高瞻远瞩，不可犹豫不决。

男士如果身着背心、拖鞋想进入酒店参加宴会，不在乎别人的眼光我行我素，酒店八成也会把你拒之门外的。

出席冠盖云集的大场面宴会，最怕的就是穿错衣服出尽洋相，如果穿着能"不偏不倚"融入场合，自信与魅力便能自然挥洒开来。所以大部分的男人只要看到别人和自己穿得差不多，就会安心地松一口气，开始握手寒暄，谈笑风生。

比尔·盖茨就非常注重自己的形象，他曾经请专家对自己的形象进行设计、包装与宣传。比如，在1991年，他在拉斯维加斯首次发表演讲。为了使自己以更好的形象出场，使自己的演讲产生巨大的影响与传播力，比尔·盖茨甚至专门请来了形象专家为自己的着装作指导。

比尔·盖茨演讲时，熟悉比尔·盖茨的人都非常吃惊，只见比尔·盖茨一改往日懒散随意的形象，穿了一套非常得体的黑西服。尽管很多天生的东西，但他那尖锐的噪音无法改变，但丝毫没有影响到他的公众形象。结果，这场主题为"信息在你的指尖上"的演讲传遍美国，获得了巨大的成功，而比尔·盖茨的形象值也迅速得到了提升。

一般而言，男人的餐宴穿着是"宁愿过于隆重，也不要流于随便"的，"衣冠楚楚"不仅是尊重自己的表征，更表示了对主人邀约款待的重视。而如何才能成为"衣冠楚楚"的座上嘉宾？

一、西装

西方人穿西装，常根据不同的场合和季节选择不同颜色。重大礼节性场合着深色西装，上下班、娱乐和会友时则穿浅色、暗格、小花纹套装。从肤色角度考虑，中国人在社交场合，宜选择深蓝、深灰、黑灰色西装，这些颜色不仅端庄儒雅，而且能将面色衬托得更有光彩。穿西装要注意四点：一是要平整，不可有折痕；二是西装领要贴背，并低于衬衫领 1 厘米左右；三是西装长裤的长度要适中；四是西装口袋不要放任何杂物。西装的新旧与式样是次要的，重要的是合体，因此细心保养很重要，穿毕应用专用西服衣架挂好，好的保养能使一套西装始终合身。

二、衬衫

每套西装一般需有两三件衬衫搭配。衬衫的领子不可过紧或过松，袖口的长度应该正好到手腕，以长出西装袖口 1—2 厘米为宜。系领带时穿的衬衫要贴身，不系领带时穿的衬衫可宽松一点。

三、领带

领带是男士打扮的焦点，通过它能展现穿戴者的个性。不同的领带配同一件衬衫，能产生不同的视觉效果。领带的颜色应根据衬衫来挑选，通常最易搭配的是暗红色、蓝色或以黄色为主的花色领带。在非正式场合，穿西装可以不系领带，但衬衫的第一个扣子一定要解开。

领带多长合适？一般稍长于裤子的腰带即可。领带夹过去是西装的重要饰品，现在国外已很少使用，如要固定领带，可将其第二层放入领带后面的标牌内。

四、西装扣

西装扣的扣法很有讲究。穿双排扣西装，扣子要全部扣上；单排两粒扣西装，只扣第一粒，也可以全不扣；单排三粒扣西装，只能扣中间一粒或全不扣；单排一粒扣西装，扣与不扣均可；如果穿三件套西装，则应扣好马甲上所有的扣子，外套的扣子不扣。

五、鞋

系带的正装黑色皮鞋为好，男人穿着上的优雅就在他的保守，尤其是鞋。如果你的职位高，酒会又安排在晚上，那么你可以穿漆皮款。参加酒会的鞋一定要新，绝对不可以将平时那些劳苦功高的鞋子穿到酒会上来，男女都是如此。

六、男袜

男士们常出的错误是一年四季穿白棉袜，即使西装革履出席正规场合也是如此。男袜分两大类——深色的西装袜和浅色的纯棉休闲袜。白棉袜只用来配休闲服和便鞋。标准西装袜的颜色是黑、褐、灰、藏蓝的，以单色和简单的提花为主。材质多是棉和弹性纤维，冬季增加羊毛来保暖。好的袜子吸汗透气，同时松紧适度。进口西装袜的袜筒比国产的偏长，一般到小腿处，以保证袜边不会从裤管里露出来。

　　其实，袜子更要穿出品位，它既能让你拥有的美丽进行到底的精致完美，也能彰显你的气质。

第三节　女士赴宴要重视细节

原文： 冠必正，纽必结，袜与履，俱紧凑。

——出自《弟子规》

释义： 戴帽子要戴端正，衣服扣子要扣好，袜子穿平整，鞋带系紧，一切穿着以稳重端庄为宜。

相比男士赴宴的着装，女士们在赴宴细节上要好好学习，不至于到时手忙脚乱，面露尴尬。

在赴宴之前，必须把自己打扮得整齐大方，这是属于礼节范围内的大事。男人赴宴比较简单，只要比平常多留意一下衣装即可。但女子在赴宴前就需要多注意一些细节性的问题了。宴会中宾客很多，女宾们大都穿上华丽的新衣，而且容光焕发，你当然不应例外。并不是鼓励大家争妍斗丽，而是最低限度也应该使自己的外表比平时更为美观一些，这也是社交上的一种礼貌，并不只是为了表现自己。在这里略微提醒你应注意的事项：

一、宴会着装

女性的宴会服装采用丝、丝绒、雪纺纱、缎之类轻软而富于光泽的衣料最能显衬出高雅窈窕的身姿。晚宴服最好用黑、白、红、蓝、黄等纯色，因为纯色能更好展现女性身段且容易给人以端庄之感。

宴会着装的款式应高雅得体，显示出女人的身体优势。

肩膀和颈部漂亮得可露出双肩。

胸部丰满的可穿低胸或中空样式，腿修长的可穿开中、高叉或短裙。

袜子宜透明，或选择印花丝袜。

鞋应选用丝或缎面、鹿皮面质料的高跟鞋，这样走起路来才会有姿有色，款款生情。

手袋应和鞋同样质感，最好配套，大小不超过两个手掌宽度。手拿式最优雅。手袋里的东西不可太多，只宜放些小型的女性随身用品。

在进行服饰颜色选择之前，应该先明确如下问题：你或你的伴侣是这次邀宴的主客吗？客人多不多？属于哪个阶层宴会？目的何在？自己是否要帮忙招呼客人？

选择服装颜色时，首先，要注意背景——会场的墙壁、地板的颜色，例如穿着红或粉红的衣服，走在红色地毯上就毫不起眼了。这种错误经常发生，因而要格外注意，在背景深、浓的情况下，若是穿着类似的颜色，就会被它遮住你的风采。

其次，是加强主色。衣服色彩过多，在衣香鬓影的众多宾客中会让人眼花缭乱，因此套装或色彩单纯的洋装、长礼服较为适宜。

最后，在服装的重点部位添加闪烁耀眼的效果，例如领口、袖圈、下摆缀上闪亮的珠片，或是戴上金、银宝石等发饰或首饰，尤以胸前的饰物最为醒目，会随着角度的变化闪闪发光，将强调效果发挥到极致。

黑紫、黑蓝、黑绿的组合能予人华丽、时髦的印象，很适合晚宴穿着，而且由于其独具的神秘感，更能使人备受瞩目。

女性参加宴会，最好先弄清楚宴会的性质和其他相关的事宜，再进行服饰颜色选择，以免闹出穿着金光闪闪的华丽晚礼服去出席普通茶话会的笑话。

二、宴会化妆

1. 先洗一个澡

化妆的第一步，就是彻底地沐浴一番，把从头到脚的污垢都洗去。沐浴后，最好用保护皮肤的化妆品涂在手臂、腿和颈部上，轻轻地擦匀，然后躺在床上养养神，因为你当然不愿在宴会时使人发觉你有一点点疲倦。

2. 女士们要留心脸部的化妆

化妆要浓淡适中，如果你有一张漂亮的面孔，那么淡淡地修饰一下，更能显示出你的秀丽和高雅的气质。一切化妆的程序都应该在家里完成，因为在公共场合当着别人面化妆是不礼貌的。

3. 注意头发和胡须

头发应该事先洗净梳好。男士们要把胡须刮干净，若有充分的时间，男士们应去理个发，女士们若能上美容院做做头发则更好。

4. 对着镜子照一照

你穿上准备好的衣服以后，在全身镜前面照一照，看看还有没有什么不妥的地方。另外，还要注意鞋子是不是干净光亮，袜子有没有臭味。有些人的家里，进门或登楼就要脱去鞋子，换穿拖鞋，如果袜子有异味，便尴尬得很了。

5. 香水的气息要体现品位

白天选用香味较甜较浓的香水，夜晚选用香味优雅的香水。香水应喷在人体脉搏跳动部位，如耳后、前胸、手、脚、手肘弯或腿膝后。手掌间如用些微香水后再和人握手会更富有女人味。

第四节　宴会着装要合体

原文：衣贵洁，不贵华，上循分，以下简称家。

——出自《弟子规》

释义：穿衣服要注重整洁，不要讲究昂贵、华丽。穿着要注意身份及场合，要考虑家中的经济状况。

合体的着装是能使自己光彩照人，不能让一套不合体的着装毁了自己的形象，让人以为自己穿的不是自己的衣服。

依照社交礼仪，着装要赢得成功，进而做到品位超群，就必须兼顾其个体性、整洁性、文明性、技巧性。对这五个方面，一点都不能偏废。

一、个体性

正如世间每一片树叶都不会完全相同一样，每一个人都具有自己的个性。在着装时，既要认同共性，又绝不能因此而泯灭自己的个性。

着装要坚持个体性，具体来讲有两层含义：一是着装应当照顾自身的特点，要做到"量体裁衣"，使之适应自身，并扬长避短。二是着装应创造并保持自己所独有的风格，在允许的前提下，着装在某些方面应当与众不同。切勿穷追时髦，随波逐流，使个人着装千人一面，毫无特色可言。

二、整体性

正确的着装，应当基于统筹的考虑和精心地搭配。其各个部分不仅要"自成一体"，而且要相互呼应、配合，在整体上尽可能地显得完美、和谐。

若是着装的各个部分之间缺乏联系，"各自为政"，它哪怕再完美也毫无意义。着装要坚持整体性，重点是要注意两个方面：一是要恪守服装本身约定俗成的搭配。例如，穿西装时，应配皮鞋，而不能穿布鞋、凉鞋、拖鞋、运动鞋。二是要使服装各个部分相互适应，局部服从于整体，力求展现着装的整体之美，全局之美。

三、整洁性

在任何情况之下，人们的着装都要力求整洁，避免肮脏或邋遢。着装要坚持整洁性，应体现于下述四个方面：

（1）着装应当整齐。不允许它又折又皱，不熨不烫。

（2）着装应当完好。不应又残又破，乱打补丁。至于成心自残的"乞丐装"，在正式场合应禁穿。

（3）着装应当干净，不应当又脏又臭，令人生厌。以任何理由搪塞应付而穿脏衣，都没有道理。

（4）着装应当卫生，对于各类服装，都要勤于换洗，不应允许其存在明显的污渍、油迹、汗味与体臭。

小姜是一位刚刚走出大学校门的年轻学子，心中充满了对未来的无限憧憬和期待。他怀揣着梦想，勇敢地迈入了社会，加入了一家在当地享有盛誉的知名企业。在紧张而激烈的面试过程中，他遇到了两位同样表现出色的候选人。他们不仅具备扎实的专业知识，还拥有丰富的实习经验，可以说在各方面都不逊色于小姜。然而，经过一番激烈的竞争，最终被录用的幸运儿却是小姜。事后，他从人力资源部门的工作人员那里得知，除了他在专业领域表现出的卓越能力之外，他在面试过程中展现出的整洁衣着和良好的精神面貌，也给他加了不少印象分。

小姜深知衣着整洁的重要性，他始终坚信，一个人的外表不仅仅是对自己的一种尊重，更是个人形象和品位的体现。因此，每天上班之前，他都会花费一些时间精心挑选合适的服装，确保每一件衣服都干净整洁，熨烫得平整如新。他的领带总是打得恰到好处，皮鞋也总是擦得锃亮，闪烁着光泽。正是这些细节，让他在同事和客户中留下了深刻而良好的印象。

有一次，公司决定派小姜去参加一次重要的商务会议。由于这次会议的重要性不言而喻，公司上下都非常重视，每个人都希望能够在会议上展现出公司的专业形象。小姜也不例外，他在准备会议资料的同时，同样没有忽视自己的着装。他精心挑选了一套深色的西装，搭配了一件洁白无瑕的衬衫和一条深色系的领带，整体看起来既专业又不失活力。他的这一身打扮，在会议中吸引了不少与会者的目光，让他们对他的专业形象留下了深刻的印象。

在会议休息期间，一位潜在客户主动找到了小姜，表示他对小姜所在的公司和产品非常感兴趣。这位客户后来透露，正是小姜整洁得体的着装和自信从容的举止，让他相信小姜所在的公司是一个值得信赖的专业团队。这次商务会议最终促成了一个重要的合作项目，小姜也因此得到了公司的表彰和认可。他的成功不仅仅是因为他的专业能力，更是因为他注重细节，懂得在适当的场合展示出最好的自己。

四、文明性

在日常生活里，不仅要做到会穿衣戴帽，而且要努力做到文明着装。着装的文明性，主要是要求着装文明大方，符合社会的道德传统和常规做法。它的具体要求：一是要忌穿过露的服装。在正式场合，袒胸露背，暴露大腿、脚部和腋窝的服装，应切忌穿。在大庭广众之前打赤膊，则更在禁止之列。二是要忌穿过透的服装。倘若使内衣、内裤"透视"在外，令人一目了然，昭然若揭，当然有失检点。若不穿内衣、内裤，则更要禁止。三是要忌穿过短的服装。不要为了标新立异，而穿着小一号的服装。更不要在正式场合穿短裤、小背心、超短裙这类过短的服装。它们不仅会使自己行动不便，频频"走光"、"亮相"，而且也失敬于人，使他人多有不便。四是要忌穿过紧的服装。不要为了展示自己的线条而有意选择过于紧身的服装，把自己打扮得像"性感女郎"，更不要不修边幅，使自己内衣、内裤的轮廓再过紧的服装之外隐隐约约。

五、技巧性

不同的服装有不同的搭配和约定俗成的穿法。例如，穿单排扣西装上衣时，两粒纽扣的要系上面一粒，三粒纽扣的要系中间一粒或是上面两粒。

女士穿裙子时，所穿丝袜的袜口应被裙子下摆所遮掩，而不宜露于裙摆之外。穿西装不打领带时，内穿的衬衫应当不系领扣，等等。

这些都属于着装的技巧。着装的技巧性，主要是要求在着装时要依照其成法而行，要学会穿法，遵守穿法。不可以不知，也不可以另搞一套。

参加较为正式的饭局时，一定要注意避免以下一些不恰当的着装。

（1）过分暴露

夏天的时候，女孩一定要注重自己的身份，不能因为天气太热，而穿起颇为性感的服装去求职面试或是与人第一次约会，抑或是出现在办公室，这样你的才能和智慧便会被埋没，可能给人留下"花瓶"的印象，甚至还会被看成轻浮。因此，再热的天气，也应注意自己仪表的整洁、大方。另外，身体若有缺陷，千万不可穿过于暴露的衣服。比如瘦骨嶙峋的人，就不宜穿吊带裙装；肥臀粗腿的人，则不宜穿短裙。这不是用"骨感"或"性感"吸引人注意，而是让人有说不出的一种感觉。

（2）过分时尚

热爱流行的时装是很正常的现象，即使不去刻意追求流行，流行也会左右着很多人。但千万不要盲目地去追求时尚。有个时期国内流行"健美裤"，其实那本是舞蹈演员练功时所穿的服装，结果一流行起来满大街都是"健美裤"，什么罗圈腿、麻秆腿、象腿都套上了，让人"审美感觉"特别疲劳。一个想要成功的年轻人对于流行的选择必须有正确的判断力，同时要切记：在办公室里，主要表现工作能力而非赶时髦的能力。

（3）过分可爱

现在服装市场上虽然有许多可爱俏丽的款式，但一定要分清场合和环境来穿着。如果第一次应聘、第一天上班就这样穿，会给人轻浮、不稳重、担当不起大任的感觉。

（4）过分呆板

太过呆板、陈旧的服装往往给人以死板、脑子不活的感觉，很容易让别人对你有误解，产生不良印象。

第五节　赴宴饰品的选择

原文：置冠服，有定位，勿乱顿，致污秽。

——出自《弟子规》

释义：衣、帽、鞋袜都要放置定位，以免造成脏乱。

成功的着装，不仅要穿着衣服合理得体，还要搭配合适的饰品，能达到画龙点睛的作用。

合适地搭配饰品，可以锦上添花，增添光彩。在饰品的佩戴上，我们来从男性女性的不同原则来介绍。

一、男性如何佩戴首饰

男人的配饰总是有实用性的，比如眼镜、手表、皮带、打火机等，更确切的说法这些应是随身物件。男人在服装上的选择面比较窄，不过是西装、夹克、衬衫、长裤……仿佛是千人一面，要想显得有独特的品位，只好在配件上面下功夫。

男性佩戴首饰最主要的目的是表现男性的个性和精神风貌。要想达到目的，男性佩戴首饰要达到洗练、明快的效果。饰物的线条应该是经过高度提炼、精心设计而成的。以领带夹为例，造型不宜繁杂，而应以挺拔简练的纹样来表现出一种男性美。因为饰物佩戴的位置、花型等，将会直接影响到人的气质和风度。

男性所佩戴的首饰其理想的镶嵌材料是钻石。高贵耀眼的钻石，不以它的色彩去斗艳，却以它那具有穿透力的光芒折射去争奇。无与伦比的钻石饰物，最具男性坚忍不拔、沉毅豪迈的阳刚之美。其次，是红蓝宝石、青金石等名贵的天然宝石。

"少而精"是男性佩戴首饰的主导意识，也是区别于女性梳妆打扮的主要原则。切不可在同一时间，在一套装束上把自己的"家底"统统展示出来，像个毫无美学修养的傻公子。太露则成轻浮，内涵方可意味。

男性首饰如果佩戴得体、协调，将能充分体现出潇洒的男性美，否则，会令人感到做作并有损男性的雄浑气度。

二、女性如何佩戴首饰

张莉大学时代学的是英语专业。毕业后，她到一家公司任英文翻译，经常需要和经理去见客户。张莉本人对穿衣戴帽也很在行，她知道见什么样的客户该穿什么样的衣服。

一次，公司跟一个外商谈业务，业务眼看就谈妥了。中午的时候，经理在酒店宴请外商，庆祝合作愉快。张莉作为翻译跟经理一起赴宴。张莉特地选择了一件浅白色的碎花短旗袍，下面搭配了一双白色高跟皮鞋，中国情调十足。正好前段时间张莉过生日，好友赠送了一个夸张的骷髅头胸针，款式十分别致，张莉特别喜欢，这段时间天天都戴着。这次的旗袍打扮，张莉也没忘记别上这枚骷髅头胸针。

张莉和经理此次前去拜访的外商是英国人，他们刚一见面，张莉的衣着就引起了英国商人的注意。他刚想夸张莉会穿衣服时，却一眼看到了那枚夸张的骷髅头胸针，欲言又止，原本欣喜的神色顿时暗淡了下来。

在接下来的宴会上，那位英国商人情绪不高，多少显得有些敷衍。最后，双方未能达成协议。经理大为不解：原来还谈得好好的，英国商人兴趣很浓，怎么这次见面他的态度这么冷淡？

事后，经理从那位英国商人的中国翻译那儿得知，原来那位英国商人极其注重服装礼仪，那天张莉在极具中国风情的旗袍上点缀了那么夸张的一个骷髅头胸针，显得十分突兀，甚至有些不伦不类，十分碍眼，当时就让英国商人倒了胃口，失去了谈判的兴致。

张莉怎么也想不到，她的一枚胸针，毁了一桩生意。

女士饰品佩戴是服饰礼仪的重要组成部分。饰品不仅具有美化的功能，同时还能传播一定的信息，具有一定的象征意义。在社交场合，女士应了解饰品佩戴的一些特殊意义以及如何佩戴饰品的一些技巧。

目前，女士饰品世界丰富多彩、五花八门。大致有戒指、耳环、项链、手镯、脚链、胸针等。根据饰品的材料和质地又可分为三大类：矿质类，如钻石、宝石、玉、水晶、玛瑙、翡翠等；非矿质类，如珍珠、象牙、琥珀、珊瑚等；仿制品类，如玻璃制品、陶瓷制品、木制品、人造珍珠、宝石、镀银、镀金制品等。

女士赴宴饰品的搭配上需要遵循一些原则：

（1）季节原则。饰品佩戴应考虑一年四季有别的原则。夏季以佩戴色彩鲜艳的工艺仿制品为好，可以体现夏日的浪漫；冬季则佩戴一些金、银、珍珠等饰品为好，可以显现庄重典雅。

（2）场合原则。女士赴宴或参加舞会时，可以佩戴一些较大的胸针，以期达到富丽堂皇之效；而平日上班或在家休闲时，可以佩戴一些小巧精致、淡雅的胸针、项链、耳环等。

（3）服饰协调原则。饰品佩戴应与服饰相配。一般领口较低的袒肩服饰必须配项链，而竖领上装可以不戴项链。项链色彩最好与衣服颜色相协调。穿运动服或工作服时可以不戴项链和耳环。带坠子的耳环忌与工作服相配。

（4）体型相配原则。脖子粗短者，不宜戴多串式项链，而应戴长项链；相反，脖子较瘦细者，可以戴多串式项链，以缩短脖子长度。宽脸、圆脸型和戴眼镜的女士，少戴或不戴大耳环和圆形耳环。

（5）年龄吻合原则。年轻女士可以戴一些夸张的无多大价值的工艺饰品；相反，年纪较大的妇女应戴一些较贵重的比较精致的饰品，这样显得庄重、高雅。

（6）色彩原则。戴饰品时，应力求同色，若同时佩戴两件或两件以上饰品，应使色彩一致或与主色调一致，千万不要打扮得色彩斑斓，像棵"圣诞树"。

（7）简洁原则。戴饰品的一个最简单原则就是少而精，忌讳把全部家当全往身上戴，整个儿就像个饰品推销商，除了给人以俗气平庸的感觉外，没有任何美感。

因此，女士在赴宴时，要根据以上几个原则和自身的特点以及宴会的特点选择最合适的饰品，以达到画龙点睛的效果。

第六节 消除"口臭"这个饭局杀手

原文：晨必盥，兼漱口，便溺回，辄净手。

——出自《弟子规》

释义：早晨起床后，务必洗脸、刷牙、漱口。大小便后，一定要洗手。

在饭局上有口臭是非常忌讳的。道理很简单，饭桌上一桌可口的饭菜，你一开口让客人觉得臭味扑鼻，客人还怎么有心情吃饭或谈业务呢？

饭局上，因口臭问题惹祸的人不在少数。因此，为了避免类似的尴尬，参加饭局前，除了整装修容，检查口中是否有异味也该是一门必修课。自测口气的方法非常简单，将左右两掌合拢并收成封闭的碗状，包住嘴部及鼻头处，然后向聚拢的双掌中呼一口气，就可闻到自己口中的气味了。千万记得不要让口臭成为你的饭局杀手。

吴勇在某公司做业务员，经常要直面客户。由于经常加班，作息不规律，饮食不正常，时间长了胃就出问题了，经常胀气、反酸。每次回家，妻子总是责问他："你天天在外面都吃什么了呀，口气像氨水味一样，难闻死了。"

"不会吧，我就是胃有点不舒服，没有抽烟喝酒呀。"吴勇似乎没觉察到自己有口臭的问题。 过了几天，吴勇去见一为重要客户。这个客户这次为吴勇提供了一大笔业务，如果顺利做下来，吴勇能拿一笔丰厚的提成。为表示对客户的尊重，吴勇将业务谈判安排在一家高档酒店里。吴勇特地为客户准备了一场丰盛的晚宴。然而，客户到酒店后与吴勇交谈了不到一分钟就躲得远远的。吴勇丈二和尚摸不着头脑，跟客户谈业务，客户也爱理不理的。一桌子菜几乎没动，业务也没谈成，客户就走了。吴勇突然想起妻子的话，是不是自己有口臭？他在手心呵一口气一闻，可不是吗，一股臭化肥味，别提多难闻了。他这才明白原来是自己的"口臭"熏走了一笔生意。

吴勇因口臭问题丢掉了一笔生意。如果他再不注意这个问题，他的客户会越来越少，最后业绩肯定是一团糟的。因此，在赴宴前必须注意自己的口腔卫生。

保持牙齿的清洁也是仪容美的重要部分，不洁的牙齿被认为是交际的障碍。因此，与人交往的过程中，一定要注意保持牙齿的清洁。

与人说话时露出的牙齿如果上面沾着食物残渣，这是很让人十分厌恶的，它会让人产生窝囊的印象，甚至让人决定你不修边幅。所以我们除了要注意口腔卫生，还应当注意口中的异味，即我们通常所说的口臭。与人交谈的过程中如果口内发散出难闻的气味，会让对方觉得不愉快，自己也很难堪。

坚持每天刷牙漱口的习惯，口腔内细菌没有作用的对象，异味就自然就消除了。有时候我们吃了葱、蒜、萝卜等刺激性食物，也会产生刺激性异味，因此，与人交往、工作以前，如果刚好吃了此类食物，可在口中嚼点茶叶，或是喝些柠檬汁，均有助于清除异味。

如果口腔有异味，必要时，嚼口香糖可减少异味，不过在他人面前嚼口香糖是不礼貌的，尤其是与人交谈时，更不能嚼口香糖。

清新的口气如同你的第一张明信片，如果你想在当今社会赢得人缘，祛除口臭时就要选择有目的地去清除口腔黏膜，从根源上防治口臭，让口气变得清新，给别人留下健康清新的好印象。

在宴会上进餐，如果牙齿上沾有食物残渣，切忌当着别人的面剔牙，可以用手掌或餐巾纸掩住嘴角，然后再剔牙，或者起身去洗手间处理。而女士在用餐过程中很可能在牙齿上沾有口红，所以一定要避免在用餐前涂太多的口红。

一旦发现自己口腔有异味，要注意及时使用漱口水或喷剂祛除。但是要注意在他人面前嚼口香糖或用喷剂，否则容易让人产生不懂礼数的感觉，尤其是与人交谈时，更不应如此。否则很容易在不知不觉中失礼。

第七节　微笑是最好的饰品

原文：蓁首蛾眉，巧笑倩兮，美目盼兮。

——出自《诗经·国风·硕人》

释义：亮丽的额头弯弯的眉，浅浅地一笑，两个小酒窝多么的美，迷人的眼波那一转啊，我的心也醉。

微笑是一种国际语言，不用翻译，就能打动人们的心弦。微笑是盛开在人们脸上的一朵美丽的花，时时刻刻散发着迷人的芬芳。

微笑可以表现出温馨、亲切的模样，能有效地缩短双方的距离，给对方留下美好的心理感受，从而形成融洽的沟通氛围。它能产生一种魅力，它可以使强硬者变得温柔，使困难变得容易。微笑是人际交往中的润滑剂，是广交朋友、化解矛盾的有效手段。

西班牙一士兵在战争中俘虏，关在监狱并将在次日中午被枪毙。在恐惧无助之中，这个俘虏向看守监狱的敌军士兵投去了一个友好的微笑，赢得了对方的亲近，从香烟借个火到在惴惴不安中提及'孩子'这个温暖的话题，一下便触动了因战争而冷漠的面孔下那颗原本柔软的心。最后，那个看守冒着极大的危险，将西班牙士兵偷偷放出并护送到城外。

微笑是一种接纳，而不会展示微笑的人，身上好像在传送一条信息："烦着呢！别靠近我"。这样有谁愿意同他接近呢？

美国密苏里州的兽医史蒂芬·史包尔博士讲述过一段故事：

有一个春天，他的候诊室里挤满了顾客，带他们的宠物准备注射疫苗。没有人在聊天，也许每一个人都在想自己该做的事情，而不是坐在那儿浪费时间，大约有六七个顾客在等着。之后又有一位女顾客进来了，带着她9个月大的孩子和一只小猫。幸运的是，她就坐在一位先生旁边，而这位先生已等得不耐烦了，可是他发觉，那孩子正抬着头注视着他，并对他无邪地笑着。这位先生反应如何呢？跟你我一样，当然他也对那个孩子笑了笑。然后他就跟这位女顾客聊起她的孩子和他的孙子来了。一会儿，整个候诊室的人都聊了起来，整个气氛就从乏味、僵硬而变得愉快。

一个人的微笑，一种真正的微笑，一种令人心情温暖的微笑，一种出自内心的微笑，比高贵的穿着更重要。笑容能照亮所有看到它的人，像穿过乌云的太阳，带给人们温暖。密西根大学的心理学家詹姆士·麦克奈尔教授谈到她对笑的看法时说：有笑容的人在管理、教导、推销上比较有功效。经常面带微笑的父母更可以培养出快乐的下一代，因为笑容比皱眉更能传达你的心意。这就是在教学上要以鼓励代替处罚的原因所在了。一个大公司的人事经理说，他宁愿雇用一名有可爱笑容而没有念完中学的女孩，也不愿雇用一个摆着扑克面孔的哲学博士。

有点遗憾的是，在现实生活中，大多数人很注意自己的外在形象。出门时要对着镜子特意打扮一番，看衣服是否合身、领带是否平整、头发是否有型、化妆是否恰到好处，唯恐粗俗的衣着和不雅的装饰影响自己的形象，却往往忽略了脸上是否带着微笑。

如果你不喜欢微笑，那怎么办呢？有两种方法：第一，强迫自己微笑；如果你是单独一个人，就强迫自己吹口哨或哼一曲，表现出你似乎已经很快乐，就容易使你快乐了。已故的哈佛大学威廉·詹姆斯教授说："行动似乎是跟随在感觉后面，但实际上行动和感觉是并肩而行的。行动是在意志的直接控制下，而我们能够间接地控制不在意志直接控制下的感觉。因此，如果我们不愉快的话，要变得愉快的主动方式是，愉快地笑起来，而且言行都好像是已经愉快起来……"

每天出门前，你都要记得：带上你的微笑。

第四章

点菜要看人，
掌握好技巧

第一节　菜由谁来点

原文：批大郤，导大窾。

——出自《庄子·养生主》

释义：批：击入。导：循着。意思是：在骨头接合处劈开，无骨处就可以分解了。比喻处理问题要从要处着手。

中国是个传统的礼仪之邦，吃饭用餐都十分讲究，饮食礼仪也是饮食文化的重要组成部分。用餐前自然是要点菜，那么，你是否真的掌握了餐桌上的点菜技巧吗？

韩萌是个年轻漂亮的女孩子，大学毕业后她应聘上了一家大公司的秘书。平时韩萌做事还算比较认真，老总也比较满意。可是，有一次她在饭局上点菜失误，从此老总改变了对她的看法。

一天，公司刚招进一批新员工。老总准备宴请新员工，让她去酒店预订包房。韩萌和新员工先到了酒店，老总最近比较忙得晚一会过来。韩萌想，老总最近挺忙的，不如现在把菜先点了，等老总来了就可以直接吃了。韩萌让新员工一人点一个自己喜欢的菜，新员工都比较拘束，没一个人点菜的，最后推荐韩萌点。面对服务员递上来的菜谱，韩萌竟也不知道点什么菜好。韩萌当时想，点太好的菜吧，担心老总说太浪费；点一般的菜吧，又怕老总说"小家子气"。最后，韩萌竟然没了主意，按服务员的推荐点了一桌。

老总很快风尘仆仆地赶过来了，一看到菜已上桌了，心里就不大乐意。更为糟糕的是，因搭配不当，许多菜无人动筷子，饭局氛围因此十分尴尬。饭后，老总对韩萌十分不满，韩萌后悔莫及。更不幸的是，韩萌从此丢掉了这份待遇不错而又轻松的秘书工作。

韩萌之所以丢掉了心爱的工作，这与她不懂"点菜"紧密相连。韩萌犯了一个很严重的错误，那就是抢了领导的点菜权。虽然领导还没到场，可以等领导来了再请老总点，绝不可以擅作主张代领导点菜。

作为公务宴请，你可能会担心预算问题。务必控制预算，最重要的是要多做饭前功课，选择档次适中的请客地点。通常来说，如果是由你买单，客人一般不好意思点菜，都会让你来做主。

因此，点菜不仅是个人饮食文化的集中表现，其中大有学问。在餐桌这个战场上，到底谁来点菜更合适呢？这就要具体情况具体对待。

一般情况下，可以有以下几种选择：

一、主人点菜

宴请之前，主人一定要了解客人的口味。国内客人的口味特征大致为东辣、西酸、南甜、北咸。宴请时要根据客人的具体情况点菜。

点菜时，我们一般都会有礼貌地征求一下客人的意见，但怎么问大有讲究。一般来说，主要有两种问法：一种是封闭式问题。比如："来条草鱼还是鲤鱼？"如此在两者之间进行选择，大大缩小了选择的余地。又如："喝茶还是喝咖啡？"就是告诉对方，你不要喝酒。而另外一种问法则是问开放式的问题。比如："您想喝什么酒？"由被问者自由选择。此外，需要注意的是，一定要了解客人不吃什么，尤其注意不要犯客人的饮食禁忌。

二、客人点菜

主人与客人就座后，为显示对客人的尊重，主人一般把优先点菜的权利让给客人，这是出于礼貌而为。一般来说，客人不好意思点价格较贵的菜品。如果你看出客人有些为难，可以从侧面来提醒和帮助他。例如，可用以下问题来打破僵局："这里的咖喱牛肉比较有特色，你可以试试看"，或者"咱们共同点道海鲜浓汤吧，这里的海鲜比较新鲜，值得一尝"等。用轻松的语气向客人提出建议，意思是这样的价位你可以接受，客人尽管以此类推来点菜，不必感到拘束。

三、领导点菜

有领导在场的饭局，往往是领导决定大家吃什么菜，而部下通常异口同声说"都行都行""什么都行"，将选择权拱手让出。当然，也有那种宽厚的领导，让大家群策群力，想吃什么就说，或者索性放手让手下人去点菜，毕竟吃饭不是什么原则问题，轻松一点才好。不过，和领导一起吃饭还是应该优先让领导点菜，这也是职场中的一门艺术。

四、女兵点菜

现代社会，在一些较正式的场合，"女士优先"这句话可以说是放诸四海皆准。男女在餐馆、饭店约会，点菜时应让女士先点，尊重女士的意见。在西餐厅，如果女士对吃西餐已经轻车熟路，那就大大方方点好了。当然，要不时征询一下在场男士的意见。但如果不熟悉西餐的做法，菜单又全是英文，女士可以坦率而诚恳地说："你来点吧，你熟悉，我相信你点的菜很美味。"

五、轮流点菜

亲朋好友一起吃饭，大多是一人点一道菜。不过，如果大家都不爱吃你点的那道菜的话，你就有责任吃掉三分之二。点菜吃饭是个人行为，和工作不一样，每个人都有自己的机会和选择权，不必有太多的顾虑。

六、职业点菜师代劳

如今，社会上出现了一种职业——点菜师，如果你对饭店的菜实在拿不准，不妨请个职业点菜师。实际上，上档次的饭店都会培养一些训练有素的点菜师，当客人面对菜单无所适从时，点菜师会为客人配出一桌好菜。

如果当着客人的面，不方便讲要花多少钱时，可以通过特定的词汇，比如"来点儿家常菜""来点儿清淡爽口的"，这是暗示点菜师自己不想高消费，而"有什么山珍海味""来点海鲜"，则是暗示点菜师你请的是贵宾，并不在乎花费多少。这样点菜师会让你既有面子，又不会"荷包大出血"。

　　点菜是学问，又是艺术。一餐饭小，学问却大，到底该谁来点菜绝对马虎不得。如果实在惧怕点菜的麻烦，包桌套餐是避免点菜之忧的最简单的方法。包桌套餐是饭店规定的一桌饭菜需要多少钱，饭菜由饭店根据钱数来确定，一般价格适宜，而且搭配得当，所以，不会出什么差错。

第二节　点菜时可讲点名菜典故

> **原文：** 博学而详说之，将以反说也也。
>
> ——出自《孟子·离娄下》
>
> **释义：** 博闻强记地学习，详细地解说，（在融会贯通后）返回到简略地述说大义的地部。

中国的每一道名菜都有其历史渊源，正所谓"一菜一典"，无论是来自民间的百姓，还是王公贵族，常常将每道菜的典故当成饭桌上的谈资。许多名菜背后的典故都是历代名厨在特定的历史条件下，根据其深远的意义创制而成的。每一道菜都有一段动人的故事，使你在品尝美味佳肴的同时，还能感受到动人典故传说的意境，让你更加了解中国饮食文化的博大精深，使你回味无穷。

菜肴名称既有根据主、辅、调料及烹调方法的写实命名，也有根据历史掌故、神话传说、名人食趣、菜肴形象来命名的，如"全家福""将军过桥""狮子头""叫花鸡""龙凤呈祥""鸿门宴""东坡肉"……

如果你能在餐桌上讲些菜肴的典故和逸事，不仅能增添宴会中的"沉默"调节气氛，还能令对方对你的博闻有所赏识，对你加深印象。

吴中山在国内一家出版社任副总编。由于文化体制改革，出版社纷纷与有潜力的图书公司合作。经过一番努力，吴中山找到了一家国内相当有实力的图书公司。这天，吴中山陪同社长在五星级酒店宴请图书公司老总。

图书公司老总有个特殊爱好，就是喜欢中国传统文化，尤其欣赏宋代文人苏东坡。吴中山和社长了解这一情况后，特地选了一家古色古香的酒店。酒店壁纸全部是古代字画，其中就有苏东坡的书法。

老总走进酒店感到非常满意，吴中山也借机跟老总聊一些关于苏东坡的话题，老总感到很开心。在宴会上，吴中山为给老总留下了好印象还特地点了一道东坡肉。

老总非常高兴地对吴中山说："我平生最爱吃的就是东坡肉，刚才跟小吴聊天，小吴对苏东坡也了解不少。东坡肉的历史文化极为深厚，小吴给大家讲讲。"

吴中山也是早有准备，他前几天早就对东坡肉详细了解了一番。于是，吴中山很自然地说道："那我就代老总向大家介绍一下'东坡肉'。'东坡肉'最早在徐州创制……东坡肉色、香、味俱佳，深受人们喜爱。慢火，少水，多酒，是制作这道菜的诀窍。"

吴中山将东坡肉的来龙去脉讲得清清楚楚，老总对吴中山印象特别好。很快，吴中山的出版社就跟该图书公司签订长期合作的协议。从此，社长也格外重用吴中山。

吴中山正因为在饭局上熟知"东坡肉"的典故才赢得了图书公司的赏识，为社里争取了一个好的合作伙伴。

请客吃饭为了讨好客人，一般都会点几个名菜或特色菜，如果你能够找准机会对这些菜的典故阐述一番，这在饭局中会起到锦上添花的作用。

第三节　点菜需综合考虑

原文：言必虑其所终，而行必稽其所敝。

——出自《礼记·缁衣第三十三》

释义：虑：考虑。稽：考察。意思是：说话时一定要考虑清楚后果，做事情时一定考虑清楚有没有弊端。

　　点菜是一门学问，讲究时令、风味、价格、原料以及组合等，如果菜品安排太少，就有怠慢客人之嫌；反之，安排得过多，又会造成浪费。如果所安排的菜品，色泽一致，口味一样，盛器相同，又会得到单调无奇的评语。尽是荤菜，太过肥腻；尽是素菜，有清淡之嫌。请客吃饭，点菜确实是件最令人头疼的事情，所以，有人说点菜难，几乎"难于上青天"。

　　莱娅是位地道的四川人，她在深圳一家公司上班。有一次，公司派她负责一批重要客户的接待工作。这批客户来自上海，却点名要品尝一下"有深圳特色的川菜"。于是，莱娅带他们来到深圳较有名气的"巴蜀风"。她想，既然吃川菜，那就要充分体会它的麻辣香浓，于是她大力推荐了这家酒楼口味最为麻辣的"峨眉鳝丝"。结果，满桌的上海客人对着这盘"峨眉鳝丝"面露难色。莱娅这才明白过来，"有深圳特色的川菜"就是"不辣的川菜"啊！

　　因此，点菜时必须了解有多少位客人，有多少种口味，尽量做到对他们的要求了如指掌。有的人要吃肥肉，有人只想来点青菜，湖南人要吃辣，上海人想吃甜，这些基本的要领点菜的人必须掌握。最好在点菜前问问对方是否有什么忌口的。

如果你在一家街头小饭馆里吆喝："姑娘，来个宫保鸡丁、紫菜豆腐汤。"那不叫点菜，那也就算为了吃饱。"点菜"之"点"，不亚于战斗前之点兵之"点"。菜点好了，就能让众亲朋完全、干净、美丽、彻底消灭之，否则剩半桌子菜等于打了半个败仗，就算可以打包回去吃掉，那也是用两次战役的时间完成一次战斗。

首先，中国菜的种类多。中国菜经过五千年的文化积淀，其品类极其丰富多样。不同的饭店有不尽相同的菜肴。就一个饭店来说，其菜肴的数量也有几十种，甚至上百种、上千种。这么多的菜，对于一般人来讲，真的会眼花缭乱，不知怎么点菜才能吃得好。面对厚厚的菜单和各种菜名，要吃出点新鲜来，还真让人为难。

其次，当吃饭成为了一种应酬，不再是为了解决温饱之后，点菜更成为一件头等重要的大事。众口难调，要做到面面俱到，实现宾主尽欢乐，确非易事。这个时候点菜需要广博的知识，丰富的经验体会，还要会察言观色，懂得人情世故。

要想成为点菜高手，还需要按照下列步骤来操作：

一、冷盘

在宴会上人们都会先点几个凉菜开胃。其实，凉菜还有调味的作用，能在不同热菜的间隔期起到"爽口"作用。

另外，点小碟比较丰富实在。一般冷盘凑双数，8 位以内客人可点 6 道冷盘，10 位以内点 8 道，超过 10 位一般要点 10 道，甚至 12 道冷盘。

以 10 道冷盘为例，可以按照主荤（肉类）两道，主素两道，半荤（海鲜类）两道，特色冷盘两道，水果两道来点。

主荤一般可选择鸡、鸭、乳鸽、牛肉等，鸡或鸭通常选其一；主素选择余地比较大，各种凉拌蔬菜最适宜夏天吃，如凉拌黑木耳、生拌蔬菜、海藻、豆制品类都可以；半荤通常选择海鲜类，海鲜有季节性，"安全"点菜最重要，可选择凉拌海蜇皮、鱼饼、鱼丸、鱼鲞类；水果选当令的，新鲜且价格便宜；特色冷盘一般选择酒店推荐的特色小菜，但是要避免与其他冷盘原料重复，所以，特色冷盘可以先点。

二、主菜

主菜是宴席上的主角。从口味的角度讲，一餐中的菜肴总要有咸有淡，有酸有甜，才不至于令味蕾过于疲惫。此外，再配一道酸辣菜，可以用来提神醒胃。

一般按照一桌十人的规模，宴请的主菜包括：主食、汤、鱼、蟹、虾、贝类、肉类、小炒、特色菜、蔬菜、点心、甜品等，大概 12 道菜。点菜的次序，可按此顺序来点，一般就不会遗漏或重复菜肴了。

不提倡太油腻的肉类菜品，可以点牛肋骨、炭烤猪颈肉、蝴蝶骨（排骨）等低脂肉类。还可以点本地鸡、烤鸭、乳鸽等；蔬菜也要考虑时令，四五月点空心菜，六七月点南瓜，十月份选择余地就更大了。夏天可选择冰镇、凉拌蔬菜。

三、主食

主食是指餐桌上的主要食物，一般各个酒店都有一两道特色主食，本地客人可以据此来点，如果考虑到南北方不同客人，点米饭、米线或面食。另外，从健康角度讲，用各种花色的酥香小点、飞饼、油炸点心等，用来替代传统主食是不明智的，这会导致身体摄取油脂和糖分过多。

另外，如果你实在不知道点什么菜好，希望服务员推荐一下，但不要全听服务员的。对就餐的新客人，一般服务员都很乐于提供点菜指导，你只需听听该店的特色菜是什么，哪个菜卖得最好，口味和价格是什么即可。对于服务员反复再三、热情异常推荐的那款，最好回避，往往其中有鬼。比如，一两天前进货的一批活虾，卖到第三天陆续死光，如果当天不能全部成菜推销出去，剩余的原料放第二天就会变质扔掉。有些老板会采取特价促销的方式，贴在餐厅的"水牌"上，服务员们在客人点菜时，极尽"诱惑"之能事，甚至服务员推销出一款虾菜，转身就能从老板手中得奖金若干元。

点菜最重要的是要做到心里有数，只有做到这一点才能招待好客人。如果你不懂得点菜，客人就吃得很不顺心，这样的饭局注定要失败的。

第四节　点菜别失风度

原文：德配天地，居处有礼，进退有度。

——出自《礼记·经解第二十六》

释义：配：匹配。意思是：德行应与天、地相匹配，起居要有一定的礼仪，应对进退要合乎规章制度。

　　有的人碍于面子请客，但是真轮到吃他的时候又舍不得花钱，常常贪图小便宜，刚走进餐厅的大门，服务员迎上来，直接询问："服务员，今天店里有什么又好又便宜的特价菜啊？"不难想象，身边陪同的客人听了这话心里一定会腹诽一番："难道我在他心里就是那种只配吃特价便宜菜的人？还是说，他本来就是个贪图小便宜、目光短浅，生活质量低下的人？看来我要重新考虑跟他合作（交往）的事情了。"

　　一场饭局菜刚刚开头，对方的心里就已经对你有了看法，那么，接下来你原本想通过饭局进一步和对方加深关系的目的也就落了空。

　　请客吃饭拒绝铺张浪费肯定是有道理的，但是，这需要讲究技巧，而不适宜大张旗鼓地表现出来，或是让对方察觉出来，否则就成了小气吝啬的表现，直接影响对方对你的看法，甚至会打消对方原先打算与你交往的想法。可能因小失大，得不偿失了。

郑明是一名 IT 男，今年 30 岁，但是一直没有女朋友，家里人十分替他着急。后来在朋友的介绍下，他认识了一个叫孙薇的女孩。

约会的第一天，两人一起去公园散步。临近中午，女孩提议一起吃午饭，郑明欣然应允。两人边走边找餐厅，看到装潢豪华的，郑明直接指着餐厅的大门对孙薇说："这种餐厅都特别黑，我们不去这里。"女孩笑着点了点头。

一路上路过五六家餐厅，郑明都是指指点点，最终刚走进了一家老旧的小饭馆。姑娘的眉头皱了起来，显得有些勉强。郑明担心第一次约会泡汤，只好勉为其难带着女孩走进了隔壁的西餐厅，心想，牛排也就八十块钱左右，女孩这么瘦弱，能吃啊？

两个人坐好之后，服务员拿来菜单，郑明有些心不甘情不愿地开始点菜，翻开菜单一看，发现一块牛排居然一百八十块，立刻质问道："这个牛排怎么那么贵啊？没有便宜的吗？"服务员说："对不起，先生，我们这的牛排口感鲜嫩顺滑，和普通餐厅的牛排不一样，您吃了一定会觉得物超所值的。""那这个浓汤呢？量有多少啊？""这……"郑明一个一个地问，服务员一个一个地答，而姑娘的脸色愈来愈难看。最终郑明点了最便宜的面包和浓汤给自己，给姑娘点了一份牛排。

接着，在吃饭的过程中，郑明一直在念叨"亏了、不划算"之类的词，听得姑娘火了："你别念叨了行吗？不就是贵了点吗？咱们 AA 制不就得了吗？至于一直念叨吗？"郑明见姑娘误会了，赶紧解释说："我不是这个意思，我只是觉得这样有点浪费。"姑娘说："算了，你这个人太小气，别不承认了，你不就是觉得咱俩还没交往，你请我吃大餐太亏吗？算了，这顿咱们 AA 制，以后也别见面了，难怪你一直找不到对象呢！"姑娘说完放下钱起身就走了。

勤俭节约不是坏事，但是郑明做得太过头了，第一次请姑娘吃饭就如此"吝啬"，难怪姑娘对他大发雷霆。或许郑明觉得这样浪费没有必要，结果却捡了颗芝麻，丢了个西瓜，实在是一桩"亏本"的"买卖"。

请客吃饭与平常吃饭有所不同，节约是应该提倡的美德，但请别人吃饭，你必须考虑对方的感受，对方喜欢什么，想吃什么，只有让对方吃得开心、吃得尽兴，你才有可能达到宴请的目的，否则很有可能落得上述案例中郑明的下场——竹篮打水一场空，还可能影响你的形象，给对方留下"小气吝啬"的印象。

当然，请客吃饭并不是要大手大脚地花钱，点菜既要考虑自己的经济水平也要考虑对方的感受。

一、量入为出

在用餐点菜时，单点便宜菜肯定是行不通的，最好的办法应该是量力而行。假如为了讲排场、装门面，而在点菜时大点、特点，甚至乱点一通，不仅于自己无益，而且还会令人嘲笑。

因此，在点菜时，务必要量入为出，心中有数，力求做到不超支、不乱花、不铺张浪费。要做到这一点，一是轻易不要去高档餐馆，或是每餐必要高档菜。二是在点菜时，要懂得搭配之道，适度而不过量。比方说，一人用餐，要上两菜一汤，一荤一素，便足够吃了。两人聚餐，应以四菜一汤，两荤两素为限，至多再加上两个凉菜。三是切勿乱请客，把"吃吃喝喝""大吃大喝"误作社交应酬的主题。不要忘了"君子之交淡如水"，滥交"酒肉朋友"往往对自己并无帮助。四是在日常聚餐时提倡"AA制"，即聚餐的费用人均分摊，每人负责自己的那一分。

二、相互体谅

在社交聚餐时，做东的一方和吃请的一方，在点菜时都要善解人意，宽厚待人，体谅对方。做东的一方既不要过于殷勤，也不宜过于吝啬。被请的一方，在不失自尊的同时，切勿抱有"不吃白不吃，吃了也白吃"的不平衡心态，嘴下不留情，大"宰"做东者。

做东者在点菜时，可以选择两种办法。第一种办法是整点，即点套餐或包桌。这样费用固定，菜肴的档次与数量相对固定，比较省事。第二种办法是零点，即根据"个人预算"，而在用餐时现场临时点菜。它的好处是自由度较大，可以兼顾个人财力与口味，要强调的是，不论做东者以何种办法点菜，都应当尽量征求一下被请者，特别是主宾的意见，不要只凭个人喜好行事。当然，在征求被请者意见或请其点菜时，完全也没有必要"打肿脸充胖子"，再三要求对方"随便点"，"放开点"。

被请者点菜时，要避免三个错误：其一，是不要乱点，连点的菜是什么都不知道。其二，是不要多点，尤其是不要大点名菜，让做东者"破财"，"大出血"。其三，是不要非议。对于别人点的菜，或是被大家点过上桌的菜，无论如何都不要挑三拣四。不要说什么自己"吃不惯"，或是"做得太差劲"。

　　被请者在点菜时，可以告诉做东者，自己没有特殊要求，请对方随便点，这实际上正是对方所欢迎的做法。被请者也认真点上一个不太贵的菜，而请其他人再点。这样做既符合做东者的要求，又没有对其他人实行"包办代替"。

第五节　点菜的学问

> **原文：**貌曰恭，言曰从，视曰明，听曰聪，思曰睿。
>
> ——出自《尚书·周书·洪范》
>
> **释义：**态度要谦恭，说话要合乎逻辑，观察要清楚，听取意见要聪慧，思考问题要睿智。

点菜看起来稀松平常，可里面也有学问。在宴请中如何做到。

李佳欣和他的客户一直都联系紧密，没有合作的时候也会时常打电话问候一下。这天有个外地客户突然来访，平时在电话里他可没少吹嘘当地的美食，这次人家既然来了，当然要请他尝尝传说中的特色风味了。

于是，那天客户到来之后，李佳欣带其去了附近的一个酒店就餐，进入包厢之后，刚入座，服务员就热情地递上了菜单，不容李佳欣细细挑选，服务员就当着客户给李佳欣指点"光明大道"，把"推销"发挥到极点："先生来个清炖甲鱼，或者葱炒膏蟹，要不要来个刺身三文鱼，还有基围虾、东星斑……"每个菜都数百元，李佳欣拗不过服务员的三寸不烂之舌与死缠烂打的招数，又碍于面子，依着服务员点了基围虾和东星斑，结果端上来的虾断头断脚，明显不新鲜；东星斑则足足有两斤半重，分量超过四人享用不说，肉质如柴、如同嚼蜡。

本来做了冤大头的李佳欣，开始还强装笑脸，现在却非常地懊恼，本以为 500 元可以搞定的午餐却花费了千元，事后客户还一个劲地怨声载道："这些海鲜都不新鲜，吃得我肚子直闹腾"。李佳欣很不高兴。

除了推销陷阱之外，还有很多陷阱也是让人防不胜防的，下面就给大家列举几个：

一、点客人喜欢吃的

请客吃饭是一种以饭为"媒"的交流，先考虑的是迎合客人的口味。对方爱吃什么，不爱吃什么，这些都要尽量预先了解。如果因为客观原因没有了解到，那么可以请客人自己点。一般情况下，客人会客气地推却，这时可以请他"点两个您喜欢的菜"，通过他的点菜就可以大致估摸出对方的口味了。如果客人坚持不点，那么就可以结合客人家乡等信息，辅之以简洁的询问——如"能吃辣椒吗"，来推测其口味。

二、荤素搭配要合理

一桌饭菜主要是由汤、热菜、凉菜三大块组成，而原料无非是肉类（畜、禽）、海产品（鱼、虾、蟹）和蔬菜三类。较为重要的宴请，这六要素都要上全，并且合理组合。

假如 8 人吃饭，一般可点 4 ~ 5 个冷碟、4 ~ 6 个炒菜、1 ~ 2 个大菜、1 个汤、1 ~ 2 个点心，这样比较合理。菜肴应强调荤素、浓淡、干湿、多种烹调方法搭配，原料尽量不重复。比如，汤选择了老鸭煲，热菜和凉菜就可以偏重鱼或者蔬菜为主要原料的菜品；

如果选了一款鱼汤，那么就没有必要再点鱼类或其他海产品。即使你再喜欢糖醋类菜品，点了糖醋鱼，就别再选菠萝咕噜肉……

三、不要只点特色菜

即使你不知道点什么菜，也只能选择餐厅推荐的特色菜中的一个，其他还是看自己的口味而定，否则一桌都是一个系列和口味的菜肴（比如麻辣菜肴）。从饮食消费心理分析，每次就餐有一至两个菜能给你留下美好的印象，你就会有满足感。不要指望所有的菜都会给你留下深刻的印象。

四、适口适量最科学

现在人们去饭店吃饭无外乎宴请、家庭聚会、朋友小酌、工作午餐几类。宴请的话自然是冷菜、热菜、汤、点心、水果全套上，但是也没有必要过于讲究排场，适口适量是最科学的。如果是其余几种，没必要这么讲究，不妨少点冷菜，甚至不点冷菜直接上热菜。如果不点冷菜直接点热菜的话可以多点一些炒菜，炒菜上桌的速度最快，可避免久等。

就餐人数和点菜的"只"数要比例合适。有特殊意义的宴请另当别论，如果只是为了聚一聚或填饱肚子，四位以下点 3 菜 1 汤、五位到七位点 5 菜 1 汤，八位以上按照人数减 2 的数量点，应该足够了。我们上面说的是热菜，冷菜尽量少点，如果点得比较多，热菜可适当减少一两道。

第五章

餐桌分座次，礼仪少不了

第一节　懂得座次的安排

原文：乐殊贵贱，礼别尊卑。

——出自《千字文》

释义：音乐要根据人们身份高低而有所差异，礼节要根据人们地位的高低而设定。

　　中国人一贯重视"座次"。《礼记》中讲"天地位焉"，意即天地万物各有其位，马虎不得。对于我们来说，人与人之间上下前后左右的不同位置，反映了不同的身份、地位、级别，关系到某一社会、某个团体对一个人价值的肯定与否，是其个人价值的体现，也是社会对其个人地位的尊重。

　　中国素有"礼仪之邦"之称，"不学礼，无以立"，中国最早的礼中最重要的礼，可以说就是食之礼。检验一个人修养的最好场合，莫过于集群宴会。因此，"子能食食，教以右手"（《礼记·内则》），家庭启蒙礼教的第一课便是食礼。而中国宴会繁缛食礼的基础仪程和中心环节，即是宴席上的座次之礼——"安席"。史载，汉高祖刘邦的发迹就缘于他在沛县令的"重客"群豪宴会上旁若无人"坐上座"的行为。《史记·项羽本纪》中鸿门宴会的座次是一种规范："项王、项伯东向坐，亚父南向坐，亚父者，范增也。沛公北向坐，张良西向坐"，此即顾炎武所谓："古人之坐，以东向为尊。"这是指的是"室"内设宴的座礼。赴宴时一定要懂得座次的安排，如果自己不懂可以请教别人，千万不可找个位置就座，一旦坐错了位置，难免一场尴尬。

　　一次，尹腾参加别人的八十大寿宴会，因为堵车迟到，尹腾到现场时参加宴会的人已经来得差不多了。尹腾想趁着没人注意，闪进场找个空位坐下来。可是目光所及之处都是人，根本不见有空位。突然，尹腾看到一个空座，他赶紧三步并作两步走，以迅雷不见掩耳之势入座，并与同桌的客人打招呼，同桌的客人尽管都给予了回应，但表情都十分勉强。尹腾只当那不过是别人不认识自己的正常反应，也就不多想了，安下心来等待开席。过了一会儿，尹腾感觉众人都将目光转向他，心里正纳闷呢，这时，有一位先生指了指他身后，尹腾转过身一看，只见后方墙壁上竟挂着巨大的红色"寿"字，原来尹腾情急之下竟坐了寿星公的位置，他顿时感到脸上火辣辣的，尴尬地站了起来，在好心人的指点下找了个角落的位置坐下。尹腾心想："唉！要是有个地洞，我一定钻进去。万众瞩目啊！脸丢大了！"

　　尹腾由于疏忽大意，一不小心，喧宾夺"座"，惹来众人"关注"的眼光，场面好不尴尬。尽管尹腾此举是无心之过，可在场的其他与宴者不会这么认为，他们只会觉得尹腾是个不懂座次之礼的人。何为座次之礼呢？在我们参加宴会时，除了要知道自己当天所扮演的角色，还要了解男女主人在餐桌上的位置，男女主宾的位置，以及其他男女陪客的位置，然后再按照自己所扮演的角色入座，切不可像尹腾一样做出喧宾夺"座"的行为来。那么，到底怎么坐才不会失礼呢？

一、入座方式要正确

客人到达自己的位子时，一屁股坐下来，是相当不礼貌的行为。正确的入座方式为从左侧入座，先用一只脚跨入桌椅间的空隙，另一只脚再随后跟上。等到双脚到达定位时，上半身保持挺直，下半身弯曲垂直坐下。

二、入座前先了解座次和座位

赴宴入座不可一见空位就自行坐下，高级饭店往往是由服务员带路入座，以免坐错席位。如是参加宴会，进入宴会厅之前，应先了解自己的桌次和座位，入座时注意桌上座位卡是否写着自己的名字，不要随意乱坐。

三、按主人的安排就座

应听从主人安排，按主方给定的座位就座。不要随心所欲地寻找熟人或与想要结识的人为邻，或过分客气，以至于拉拉扯扯。另外，入座时，应让年长者、地位高者和女士优先，如邻座是年长者或妇女，应主动协助他们先坐下。然后，自己以右手拉开椅子，从椅子左边入座。同时，应与同桌点头致意。

四、主人对着门，客随主便

一般来讲，中式正式宴会以圆桌为主，圆桌非常适合中餐所有菜一起上的方式，围着餐桌吃的每个人都可以很方便地夹到菜。

主人一般会坐在面对着门的地方，这样也方便主人看到客人到达做好迎接的准备。最重要的客人一般都会被安排坐在主人的左手边，第二重要的客人会被安排在主人的右边，以此类推下去，这是中式正式的座次安排；在一般普通的小型的宴会上，也有谦虚的主人会请最重要的客人上座就座（上座一般为面对着门的位子或者位于上北方位的位子），自己则一旁作陪，当然主和客通常会客气地推来推去，谁也不肯位居上座以表示谦让，最终一般客随主便就可以了，也无须客气太长时间。

五、吃工作餐最好先等客人落座

工作餐是一种非正式的商务宴请，对于座次的安排一般没有严格的要求，双方可自由入座。但出于礼貌，主人应等客人落座后再座，且应把坐相较好的位置让给客人。如果主人与客人为同性时，主人可坐于客人的对面，也可坐于客人左侧。客人为异性时，主人应选择客人对面的位置。

六、不可乱拉椅子

在餐厅用餐，当人多椅子不够用时不可乱拉旁桌的椅子，应请服务员协助搬取足量的椅子，或另找个宽敞的餐桌落座。

七、餐桌前须保持良好的坐姿

坐在餐桌上时，身体保持挺直，两脚齐放在地板上。当然，这并不是要求在餐桌上必须像军校的学生一般，坐得像枪杆一样笔直，不过也不可能像布娃娃一样，弯腰驼背地瘫在座位上。用餐时，上臂和背部要靠到椅背，腹部和桌子保持约一个拳头的距离。两脚交叉的坐姿最好避免。在上菜空当儿，把一只手或两只手的手肘撑在桌面上，并无伤大雅，因为这是正在热烈与人交谈的人自然而然会摆出来的姿势。不过，吃东西时，手肘最好还是要离开桌面。如果两个胳膊不顾一切地往外张开，使得左右两边的同席者感到不便，这样是很不礼貌的。暂停用餐时，双手如何摆放可以有多种选择。可以把双手放在桌面上，以手腕底部抵住桌子边缘；也可以把手放在桌面下的膝盖上，双手保持静止不动。不管怎样，这样可能不用手去拨弄盘中的食物，或玩弄头发要好得多了。

应酬吃饭时候的座位选择是一门学问，可以从中看出来一个人懂不懂得社交礼仪。

第二节　介绍的礼仪

原文：修身践言，谓之善行，行修言道，礼之质。

——出自《礼记·曲礼上》

释义：修身养性，兑现诺言，这就是好的品行。行为端正，言语合道，这就是礼的本质。

在餐饮礼仪中，介绍的礼仪是重要的一环。无论在任何场合、任何餐厅用餐，都可能接触到一些从未谋面的人。经介绍，可以结识新朋友和新合作伙伴，也可以谋求新的职业打开门路，开始新的里程。

"介绍"是人与人之间相互交往的第一座桥梁，是拓展自己人际关系的敲门砖。从认识、握手到交换名片，如果可以把握好每个细节，便可以在任何餐饮场合中自然、从容地进行交际，更好地展示出优秀的交际风度。

一天，公司举办商业沙龙，各位业内人士纷纷赶来参加，作为公司的 CEO，侯勇自然十分忙碌，一会儿在这，一会儿在那，到处都传出了他爽朗的笑声。

"陈总啊，好久不见别来无恙啊？"一个端着酒杯的人来到他面前，笑容可掬地看着他。侯勇一看，原来是几年前曾经有过合作的徐总。赶紧迎了上去，一阵寒暄。两人聊得正起劲，另一个公司的老总也走了过来，这个老总姓周，跟侯勇的公司一直有合作往来，侯勇自然不敢怠慢，握住周总的手，不停地问候，却忽视了身旁的徐总，徐总的脸色十分难看。

"这位是？"徐总见侯勇忘了介绍，赶紧提醒侯勇，以免尴尬。"真该死，忘了介绍两位认识了。"侯勇一拍自己的脑袋，自嘲地笑了笑，然后给二人互相做了个介绍，场面一下子缓和过来，周总的笑脸又回到了脸上，三人一起聊着天，竟然产生了相见恨晚的感觉。

在宴会之上，介绍的基本方式有两种，即为他人做介绍和自我介绍。

一、为他人做介绍

1. 确定自己是不是合适的介绍人

在不同场合应有不同的人担任介绍人。在公务宴请中，公关人员是最适当的介绍人；在接待贵宾时，介绍人应为本单位职位最高的人士；在一般宴请场合，主人义不容辞应当做介绍人；在非正式宴请场合，与被介绍人双方都相识的人则应担任介绍人。

2. 注意介绍顺序

为他人做介绍时，记住一点"尊者居后"，即把身份、地位较低的一方介绍给身份、地位较高的一方，以表示对尊者的敬重之意。在口头表达上应先称呼受尊敬的一方，再将被介绍者介绍出来。所以，在介绍的顺序上应该为：将男士介绍给女士，将未婚者介绍给已婚者，将晚辈介绍给长辈，将职位低者介绍给职位高者，将客人介绍给主人、将个人介绍给团体。

3. 注意介绍姿势

做介绍时，介绍人应起立，走到被介绍人之间。在介绍一方时，要微笑着用自己的视线将另一方的注意力吸引过来。手部姿势也要得当：手指并拢，掌心向上，胳膊略向外伸，指向被介绍者。作为介绍人，在为他人做介绍时，态度要热情友好。认认真真，不要敷衍了事或油腔滑调，也不要用手指对被介绍者指指点点。作为被介绍的一方，在被介绍时，应起立，用柔和、真诚、专一的目光注视对方；随介绍人的介绍，热情地与对方握手，点头致意，并用"您好""认识您很高兴"等语言来表达问候和真诚的态度。

4. 选择恰当的介绍语

介绍人在为他人做介绍时，语言宜短，内容宜简，并应该使用敬词。比如，"郭蒙小姐，让我来介绍一下，这位是我们单位的刘先生。""安利女士，我想请您认识一下韩光先生。""齐主管，让我介绍一下，这是我的同事冯冬青。""于总，请允许我介绍一下，这位是我们集团第一分公司新任 CEO 董总。"

如果时间宽裕、气氛融洽，在为被介绍人做介绍时，除介绍姓名、单位、现任职务和与自己的关系外，还可介绍双方的爱好、特长、学历、荣誉等情况，为双方提供交谈的前提条件。介绍时，语言的使用不可厚此薄彼。

介绍语要清楚明白，不要含糊其词。凡是容易误解的地方要加以解释，或做补充说明。如，"这位赵先生，是'作协'的"。如果被介绍者是文艺界以外的人士要作补充说明："'作协'就是中国作家协会"。避免出现由于介绍不详闹出笑话，把"作协"误认为"做鞋"。介绍时要把握分寸，不要过分地颂扬一个人。一般来讲，谦虚的人，即使在熟人面前，也不喜欢别人替他吹嘘，在新结识的人面前更是如此。不合时宜的吹捧会令被介绍人尴尬，不好意思，介绍人本人也会给人留下不良的印象，因此介绍时一定要掌握实事求是和适度的原则。另外，做介绍前，应考虑被介绍人双方有无相识的必要与愿望，故可事先询问被介绍人的意见，以防做介绍时冷场。如"请允许我介绍你们认识一下"，然后再把双方的情况一一介绍。

二、自我介绍

在许多社交场合，为了多结交一些朋友或有意接触某人，需要主动超前介绍自己给对方，这就是自我介绍。进行自我介绍时必须注意以下几方面：

1. 仪态大方，表情亲切

进行自我介绍时必须举止、仪表庄重大方，表情坦然亲切，面带笑容、热情友好。讲到自己时可将右手放在自己的左胸上，切忌慌慌张张、不知所措或满不在乎。

2. 选准时机

当你进入新环境的时候，与陌生人初次见面时，必须及时、简要、明确地做自我介绍，说明来历，让对方尽快了解你。相反，见面时，相互凝视半天，你仍沉默或前言不搭后语，对方会很不愉快，甚至会产生许多疑问，使对方不愿意与你交往。当然若对方正与他人交谈，或大家的精力正集中在某人、某事上，则不宜作自我介绍；而对方一人独处，或春风得意时，进行自我介绍则会产生良好效果。

3. 把握分寸

自我介绍时措辞要适度，既不要过分炫耀自己的部门和本人，也不要过分自我贬低，而应实事求是、恰如其分地介绍自己，给人诚恳、坦率、可以信赖的印象。总之，自我介绍既要表现友好、自信和善解人意，又应力戒虚伪和媚俗。

4. 掌握介绍的基本程序

自我介绍时，介绍者就是当事人，其基本程序是先向对方点头致意，得到回应后再向对方报出自己的姓名、身份、单位及有关情况。介绍时语言要热情友好，充满自信，眼睛要注视对方。

5. 介绍内容要准确、恰当

社交场合，自我介绍的内容主要由三个要素构成，即本人姓名、本人供职单位和本人职业（职务）。普通的自我介绍需要三者一气呵成，初见面时，介绍首先要报姓名全称。如果对方表现出结识的热情和兴趣时，还可进一步介绍一下自己的学历、专长、兴趣、经历等。自我介绍的内容也可根据实际的需要决定繁简。

第三节　握手礼节要正确

原文：人之所以为人者，礼义也。

——出自《礼记·冠义第四十三》

释义：为：是。意思是：人之所以是人（区别于其他生物），是因为人有礼仪啊。

手能拒人千里之外，也可充满阳光，让他人感到很温暖。通常，人与人初次见面、熟人久别重逢、告辞或送行均以握手表示自己的善意，因为这是最常见的一种见面礼、告别礼。有时在一些特殊场合，如向人表示祝贺、感谢或慰问时；双方交谈中出现了令人满意的共同点时；或双方原先的矛盾出现了某种良好的转机或彻底和解时，习惯上也以握手为礼。

握手是件稀松平常的事吗？名人每天不知要握多少次手，而一般人从早到晚，接洽公务，拜访朋友，也无时无刻不需要伸出这一对沟通情感的"桥梁"。握手，实在是太普通的礼节了，但有很多人因此而忽略了它。其实，就是因为太平常，所以更应该重视，更不容掉以轻心。

那么，正确的握手礼节是怎样呢？

一般来说，当有人介绍你和朋友认识的时候，你应礼貌地主动伸出右手与对方相握，表示欢迎或高兴认识之意。如果戴着手套，应先行脱掉，再伸出手。

两手交握之际，必须注意用力得宜。太重了，像是仇人相见，要扭断对方的手；太轻了，又显得过分自负，毫无诚意。正确而又让人觉得舒适的握手方式，应该是握得紧密有力、充满热情。如果伸出来的手无力地向下低垂，且握得宽松，不但失礼，也会叫人觉得你毫无诚意。

久别重逢或是友情较深的人相见时，总是两只手握得紧紧的，并且表情愉快，这样的握手方式充分表露了对朋友的真诚，也让人深深感受到相见的欢愉气息，令人兴奋。平常与人握手时，如能本着这种"诚意"，必能为你带来更多的朋友。

聪明的男士在与人握手之时，就能留给人良好而深刻的印象，出手的轻重、摇动的方式都有一定的分寸。此外，还要注意什么时候该伸出手来，什么时候不可以，也应了解与长者相见时握手之礼当如何运用。主人周旋在宾客中时该如何？当客人应邀赴宴时，需特别注意的礼节有哪些？男女之间的握手有什么忌讳？这些都是必须随时注意的，此即所谓的"男女有别，主客不同"。

如前所述，握手虽是一种很普通的社交礼节，却仍有它的规矩，搞错身份，随意伸手与人相握，有时会得到相反效果。

握手的礼节不但男女有别，就是主人与客人也是不同的。男士务必要分清楚自己在各种场合中的身份，然后才能恰如其分地"出手"。我们知道，在社交场合中，男性与女性所应注意的礼节有很多地方都不一样，握手也是如此。

男士与女士相见，或男士被介绍给女士时，应等女士伸出手来，才可以伸出手去和她相握，而且握的时候，也应轻轻地握，不可像和同性握手一样用力摇动，以免握痛女士们的纤纤玉手。还有一点必须特别注意的是，男士与女士握手时，应先脱掉手套，而且必须站立，而女士们则尽可坐着，或戴着手套与人握手，这是西方人"女性优先"的传统。

如果女士没有与你握手的意思，则身为男士的你，只要欠身点头，微笑为礼就够了，千万不要冒冒失失地攫住她的手，摇之、撼之，这样轻则惹人生厌，重则可能惹出无谓的风波。有些女士，尤其是未婚女子，多半比较拘束，或不惯与男性握手，这时你要是先把手伸出去，会让对方十分为难。这点身为男士，不可不知，否则很可能会在大庭广众前出丑。

主、客在握手礼节上也是有差别的。

主人处于迎候与招待客人的地位，客人则是被欢迎和受招待的，于是主客之礼必须弄清楚。身为主人，在宴客的场合中，必须先伸出手来与客人握手，绝对不可以等客人先伸出手来，才与他相握，而在送客的时候，应与客人一一握手道别，并感谢对方接受邀请。

如果是客人，当主人向你伸出手来的时候，你必须立刻回握住他的手，切勿东张西望或犹豫不决。倘若告别的人很多，主人一时未能跟你握手，那你就应等候片刻，千万不可不辞而别，或争先伸出去乱握一阵，那是很不礼貌的，不仅会令主人感到不悦，也会让人觉得你举止失态，没有风度。

一个风度翩翩、彬彬有礼的男士，对"握手"这种细微的社交礼节会加以注意地——适时"出手"，才不会"握错手"，才能把友谊送出去，再把对方的友谊接收过来。

最后，重复几项要点多加注意：

1. 与人握手，一定要用右手，切忌以左手和人相握（右手有伤可先声明，以左手代替亦可）。

2. 不可先伸出手握女士的手，除非她先伸出手来。

3. 在公车、戏院等拥挤或相隔很远的场合，不必握手，只需点头为礼。

4. 当对方两手抱着物品，不方便握手时，千万别伸出你的手，免得对方不知所措。

5. 在任何情况下，拒绝对方主动要求握手的举动都是无礼的，但手上有水或不干净时应谢绝握手，同时必须解释清楚并致歉。

不起眼的握手，细究起来也有很多门道。只有熟悉并运用这些知识，才能做到"出手不凡"。

第四节　主动打招呼

原文：君子贵人而贱己，先人而贱己。

——出自《礼记·坊记》

释义：贵：尊重。贱：低贱，看低。意思是：君子总是尊重别人而看轻自己，凡事总是先想到别人，然后才想到自己。

参加饭局时，很多人并不重视打招呼，还有些人不愿意先向别人打招呼，怕被别人认为太殷勤，是不是有所图。熟悉的人，觉得用不着每次看见都打招呼；而陌生人，又怕打招呼对方认不出自己来，会造成尴尬难为情……其实，我们完全没有必要顾虑这些。打招呼是联络感情的手段，沟通心灵的方式和增进友谊的纽带，所以，要有效地打招呼，首先应该是积极主动地跟别人打招呼。

养成主动跟人打招呼的习惯，可以大大提升你的受欢迎程度。主动打招呼既可以表达对对方的尊重，给对方留下深刻而又美好的印象，又能直接体现出施礼者良好的素质和修养。

打招呼是人际交往的一种简单见面礼仪。客人在餐厅中遇到主人，应当主动向对方示意、打个招呼，这也是一种有礼的表示，是示出友好和善意，也是对别人的尊重。

张希在一家招商公司做文案。临近年关，公司老总为庆祝一年来取得的丰厚业绩，给每位员工发了红包，并且晚上请全体员工在酒店吃饭。到了餐厅，大家争先恐后地与老总打招呼。张希性格比较内向，很少说话，在这种热闹场合，他想跟老总打招呼又觉得不好意思开口。他听到同事们都与老总有说有笑，觉得自己嘴笨，不会说话，在领导面前又紧张，就坐在离老总很远的一个位置。老总是个很细心的人，虽然嘴上没直接提起，张希的表现老总全看在眼里。宴会上老总除了表扬员工们为公司作出的贡献，还特地强调："做文案工作也要懂得与人打交道，如果连打招呼都不懂，怎么跟合作方交流沟通？"老总还下意识地看了张希一眼，张希的脸一下红了，他非常后悔没跟老总打招呼。

老总做东请员工吃饭，在餐厅与老总打招呼是基本的礼仪。一句简单的招呼都不打，难怪老总对张希有意见。

客人与主人除了见面时应该打招呼，离开时也要打招呼。在离开聚会时，应该向主人打招呼；餐桌上暂时离开打电话或者去洗手间，也应该向旁边的人打招呼。不声不响地离开和见面不理不睬都是非常失礼的行为。因此，打招呼虽然是宴会中的一个小细节，但确实是不容忽视的。

了解了打招呼的必要性以及打招呼的常识与禁忌之后，在出席各类饭局的时候，就不要抹不开面子。主动地与人打个招呼，不但能显示出你对人的尊重，同时也提高了自身的价值。如果饭局中有老朋友前来参加，主动起身迎上去握个手；如果在饭局中见到了很眼熟却又想不起来的究竟在哪见过的人，可以行一个点头礼；若是邻座坐下一个陌生人，可以行一个点头礼或是微笑礼……

第五节　展现动人的微笑

原文：礼义之始，在于正容体，齐颜色，顺辞令。

——出自《礼记·冠义上第四十三》

释义：始：产生。意思是：礼义的产生，在于行为举止得体，态度端庄，言辞恭顺。

在经济学家眼里，微笑是一笔巨大的财富；在心理学家眼里，微笑是最能说服人的心理武器；在服务行业，微笑是服务人员最正宗的脸谱……

相信很多朋友都有过这样的经历：经常被推不掉的饭局缠身，同一餐桌上又往往聚集着不曾谋面的陌生人，没有共同的经历，没有共同的嗜好，很多时候都只能相视而笑。

此时，我们不妨学会用一个微笑来化解与陌生人之间的冷漠与尴尬。微笑是这个世界上通用的语言和符号，它如一丝春风、一束阳光。不分种族，不分国界，只要你投入一丝真诚的微笑给你所面对的人，他都会感到一种发自心底的惬意。没什么比你的微笑更完美。

牛磊在国内一家大型企业任业务经理，年收入高达百万元。身为业务经理的牛磊自然经常参加商务应酬，宴会成了他工作的重心，他的业务基本上都是在宴会上签下来的。他成功的秘诀就在于拥有一张令客户无法抗拒的笑脸，每次在宴会上客户总是被他的微笑感动，宴会结束后客户总是无法忘怀这个面带微笑的青年。

牛磊原是国内棒球界的知名人士，后来想去应征公司业务人员。他认为利用自己在棒球界的知名度，一定会应聘上的，没想到却惨遭淘汰。人事经理对他说：业务人员必须有一张迷人的笑脸，而你却没有。

牛磊的倔强性格使他不但没有泄气，反而促使他一定要练出一张笑脸，他每天在家里大笑百次，弄得邻居以为他因失业而发疯了。

为了避免误会，他干脆躲在厕所里大笑。他搜集了许多明星人物迷人的笑脸照片，贴满房间，以便随时观摩学习。另外，他买了一面与身体同高的大镜子放在厕所内，以便每天进去练习大笑三次。

经过长时间的练习，他终于练出了一张迷人笑脸，而凭着这张"婴儿般天真无邪的笑脸"，他也成为行业的冠军。成为百万富翁的牛磊经常说：一个不会笑的人，永远无法体会人生的美妙。

有人说，如果你没有好的相貌，就让自己有才华；如果才华也没有，那就总是微笑着。其实微笑就是脸部表情的一种体态语言，它能起到社交的作用。微笑是人类宝贵的财富，是自信的标志，也是礼貌的象征，微笑具有震撼人心的力量。笑与语言配合起来，是人表达高兴心情的最佳方式。在宴会中要想赢得人心，深受人们喜爱，就必须展现动人的微笑，才能在人们心中树立起长久的魅力形象。

在宴会上，微笑是有效沟通的法宝，是人际关系的磁石。没有亲和力的微笑，无疑是重大的遗憾，甚至会给工作带来不便。可以通过训练有意识地改变自己：一是放松面部肌肉，然后使嘴角微微向上翘起，让嘴唇略呈弧形。最后，再不牵动鼻子、不发出笑声、不露出牙齿，尤其是不露出牙龈的前提下，轻轻一笑。

在宴会上你不可避免会遇到一些不熟悉甚至陌生的人，你要怎么走近他们，让他们感受到你的友善呢？其实，此时的他们心中和你一样对这个陌生的宴会感到不自在，他们渴望被别人理解和关怀，渴望有人能帮助他们走出自我孤立的境地。这时，你给他们一个微笑，他们也会用同样的热情来回报你。

可以说，在人际关系与心理沟通中，微笑是最简单、但却很有效的沟通技巧。微笑是一种极具感染力的交际语言，不但能很快缩短你和他人的距离，并且还能传情达意。当然，微笑看似简单，但也需要讲究一定的技巧。

一、人际交往与沟通中，要笑得自然

微笑是美好心灵的外观，微笑需要发自内心才能笑得自然，笑得亲切，笑得美好、得体。切记不能为笑而笑，没笑装笑。

二、与人交往沟通时要笑得真诚

人对笑容的辨别力非常强，一个笑容代表什么意思，是否真诚，人的直觉都能敏锐判断出来。所以，当你微笑时，一定要真诚。真诚的微笑让对方内心产生温暖，引起对方的共鸣，使之陶醉在欢乐之中，加深双方的友情。

三、微笑要有不同的含义

对不同的交往沟通对象，应使用不同含义的微笑，传达不同的感情。尊重、真诚的微笑应该是给长者的，关切的微笑应该是给孩子的，暧昧的微笑应该是给自己心爱的人，等等。

四、微笑的程度要合适

微笑是向对方表示一种礼节和尊重，我们倡导多微笑，但不建议你时刻微笑。微笑要恰到好处，比如当对方看向你的时候，你可以直视他微笑点头。对方发表意见时，一边听一边不时微笑。如果不注意微笑程度，微笑得放肆、过分、没有节制，就会有失身份，引起对方的反感。

五、保持良好的心境

快乐的人才能让别人快乐。微笑不仅为了给别人看，更是一个人懂得善待人生的体现。试问，又有谁不愿意和乐观向上的人相处呢？

六、充满自信的微笑

充满自信的微笑能让人对你刮目相看。以不卑不亢的态度与人交往，会让你事半功倍。雨果说："微笑就是阳光，它能消除人们脸上的气色。"微笑不仅能让人驱走心灵的阴霾，还会让人变得友善。真正的微笑是发自内心，渗透着自己的情感，表里如一，毫无包装和矫饰的。当然，微笑应该自然得体，切不可无笑装笑，皮笑肉不笑，以免弄巧成拙，适得其反。

微笑是一种无声的行动，是一种宽容、一种接纳，它缩短了彼此之间的距离，使人与人之间心心相通，微笑是交友的无价之宝，是人们交际的一盏永不熄灭的绿灯。

宴会上，能够保持微笑的人，往往更容易赢得对方的好感。真诚的微笑能够让别人敞开心扉，有微笑面孔的人会让人们不再紧张且看到希望。因为一个人的笑容就是他传达好意的信使，他的笑容可以照亮所有看到它的人。没有人喜欢那些在宴会上愁容满面的人，更不会信任他们。很多人能够在宴会中游刃有余都是从微笑开始的，因为微笑既可以愉悦自己，也可以愉悦别人。

第六节 注意自己的身体语言

原文：君子不失足于人，不失色于人，不失言于人。

——出自《礼记·表记》

释义：失足：举动不慎重。失色：容貌不庄重。失言：说错话。意思是：君子在别人的面前，不要做不慎重的事，不要有不庄重的举止，不要说错话。

身体语言又叫肢体语言，是由人的四肢运动引起的，也可以传递许多信息。握手是身体语言中最常见的一种。其他的包括目光接触，表示愿意进行沟通；小心地坐在椅子边上，表示有点焦虑和紧张；紧靠座椅、双臂交叉则表示不愿意再继续讨论下去了；在人群中脚尖朝向谁，往往暗示对谁感兴趣；等等。

饭局中的身体语言也是丰富多彩的，特别是三杯酒下肚之后，人们开始丢掉"面具"，露出"本相"，这时你再看，平时谨小慎微之人，也会说出一些惊人之语，并且手舞足蹈起来。于是，餐桌便成了"体语"竞赛场。

西方有位研究者，经过各种场合的观察比较后发现，由人的头部发射出来的"体语"信息很多，最多者可达到六百五十多种，而餐桌上的身体语言多半都集中在头部。比如，当对某人的言谈话语感兴趣时，你会偏着头听，而当不感兴趣时，你便低着头听。言谈者正是从你头的这种"一偏"或"一低"中，洞察了你的态度，而你自己则一无所知。

如果你懂得了身体语言，你将会发现，一个人进入宴会之后，从他（她）与别人的握手的动作中，看人的眼神中以及选座、点菜和喝酒中，都可看出其人的性格和心态。培根说："行为举止是心灵的外衣"。国粹京剧把人的好坏以脸谱化的形式表现："红脸""黑脸"是"好人"。"白脸""粉脸"是"坏人"。那么在饭局宴请上，你希望给对方留下什么样的"脸谱"呢？

不同的身体语言，往往表达出不同的效果和含义。我们的肢体语言非常重要，所以注意我们的肢体语言就显得尤为重要。与人交谈的距离的远近往往会给人一种你与对方心灵的距离印象。太远或者太近都是不合适的。对于不熟悉的人，太近的距离会让对方感觉自己的私人空间被侵犯了。而太远，则产生了一种生疏的距离感。所以，在与人交谈时，确保与对方的距离半米是比较合适的。

懒散或者没有精神，都会给人不舒服的感觉。要保持挺拔，微笑着。保持良好的眼神交流，但千万不要死盯住对方。双手不要放在口袋里面。双臂不要交叉抱在胸前，这是个非常不友好的姿势。在交谈中我们要避免这种小败笔：在一句话的结尾处改变音调，将陈述句变成疑问句。当然，多数情况下人们不会误解你的话，但这种语调却让人感到你信心不足。

不只是如此，我们的脸和手都在传递信号，我们的衣着也在传递信号，长相和化妆也同样在传递信号。总而言之，当别人和我们当面交谈的时候，他们看到的东西就与我们说的话同样重要，甚至会更加重要。

所以在任何讲话的场合下，我们的出发点就是让与我们交谈的人知道你想让他们知道的信息，但是这并不像听起来那样简单。这意味着无论你是站在讲台后面、坐在会议桌前，还是仅仅在闲谈，让聆听者感到舒适和明确是最重要的。

直立的姿态表明有威信。两脚分开，与肩同宽两脚分开表明很可靠。一只脚在另一只脚稍前面一点，一只脚稍微靠前可以在你做手势时向观众移动，这意味着我在前面提到的"拥抱"观众。胳膊自然下垂，放在身体两侧，手指要静止，放松把手放在身体两侧，使你看起来比较自然和轻松。

昂头，下巴抬起但不过分保持昂首挺胸可以防止你好像在以高人一等的口气对观众讲话——也可以防止出现更糟的情况，观众认为你看不起他们——还可以防止你把头偏向一侧。

很多人都把头偏向一侧，这会削弱交流。应该把头挺直而且不要乱动。

我强调不要乱动是因为很多人常常通过点头，而不是使用舒展的表情来表示赞成。通常，我们在刻意倾听时会点头，表示同意。但是在很多场合下，点头只是一种习惯——看起来并不好的习惯，它显得比较生硬。

第七节　巧妙应对不同性格的客人

原文：实言实行实心，无不孚人之理。

——出自明代吕坤《呻吟语·诚实》

释义：孚人：让人信服。意思是：用真诚的话语、行为、心意对待别人，就没有不让别人信服的。

俗话说："烧香看菩萨，说话看对象。""说话看对象，免挨当头棒。"讲的就是说话应酬应该看人的性格特点，不同的人要用不同的处理方法。这样才能交流顺畅，气氛融洽，有进一步的发展空间。

一、如何面对爱说话的人

一天，有位年轻人来找苏格拉底，说是要向他请教演讲术。他为了表现自己，滔滔不绝地讲了许多话。待他讲完，苏格拉底说："可以考虑收你为学生，但要缴纳双倍的学费。"年轻人很惊讶，问苏格拉底："为什么要加倍呢？"苏格拉底说："我除了要教你怎样演讲外，还要再给你上一门课，就是怎样闭嘴。"看来，苏格拉底不喜欢在跟人谈话时只管自己滔滔不绝，容不得他人插嘴的人。难怪他对人说，"上帝给了我两只耳朵，而只有一张嘴，显然是希望我们多听少说"。

在饭桌上，真正的倾听是暂时忘却自己的思想、期待、成见和愿望，全神贯注地理解对方讲话的内容，与讲话者一起去亲身感悟、经历整个过程。在中国的古文里，"听"这个字是由四部分组成的：心、脑、耳、眼。仅有听的打算远远不够，你还必须全身心地投入。不用任何技巧就能进入倾听状态的人是幸运的。

积极倾听能够激发讲话者和听众的灵感，使双方积极参与到交流中来。首先，它需要听者积极的心理活动来理解讲话的内容。把这种理解反馈给讲话者，同时也给予听者检查听的效果和理解程度的余地。其次，积极倾听的反馈能够帮助讲话者澄清思想，使交流更加准确。有些思想讲话者本身也不清晰，他们很难精确地解释其含义。积极倾听的反馈能帮助讲话者发展他们的思想，给予他们机会澄清想说的内容或激发他们做进一步的补充。通过积极的倾听你可以收集到更多的信息，使饭局的"交谊舞"跳得更加令人满意。

二、如何面对沉默寡言的人

在饭桌上遇到的有些朋友性格内向，不喜欢参加轻松或正式的讨论。或者他们是在思考你说的内容，努力消化，决定怎么做。

面对这类人，要仔细观察对方，通过其表情态度，摸清其内心的真实想法和心理动机，找准适合打破僵局或者是能让他产生"同病相怜"感觉的话题，成为他们真正的朋友。

这时候你所需要做的事情是，你要想办法让他多说话，要多问他一些问题。因为当他越沉默的时候，常常就表示你越不能提起他的兴趣和意愿，所以要让他多说话。你要引导他多谈谈他自己的看法，谈谈他自己的人生经历和生活乐趣等等。只要你能够多引起他来多说话，那么他就会更容易地把注意力和兴趣放在你身上。所以鼓励这种沉默型客户多说话，多问一问他们的看法，多问问他们的意见，从他们的回答过程当中，你就比较容易地找出他们的那一棵樱桃树。接下来，你就可以集中注意力去创造和提升他的兴趣。总而言之，你所要做的就是耐心打开话匣子。

有助于沉默的人打开话匣子的另一个重要的策略就是找他感兴趣的话题，这样可以拉近彼此的距离，为你们之间的成功交流做好铺垫。在生活中，应该会有这样的体会，在与自己没有共同语言的人一起交谈时，总是会感到别扭、烦闷。而你若是和对方有共同语言，找到与对方共同感兴趣的话题，和对方发生共鸣，这样双方都会夸夸其谈地说个没完。这样，交谈才能够愉快进行，对方也才乐于与你交谈。那么，如何才能与对方达成一种共鸣呢？关键是要和对方"同步"，选择一种两者都感兴趣的话题。如果话题选择得好，可使人有一见如故、相见恨晚之感。我想即使是沉默的人也总是会有他感兴趣的话题吧，若是你能善于找到这样的话题，那么他肯定不会再沉默。

不久前，有一位业务员去一家公司销售电脑的时候，偶然看到这位公司老总的书架上摆放着几本关于金融投资方面的书。刚好这名业务员对于金融投资比较感兴趣，所以就和这位老总聊起了投资的话题。结果两个人聊得热火朝天，从股票聊到外汇，从保险聊到期货，聊人民币的增值，聊到最佳的投资模式。结果聊得都忘记了时间，直到中午的时候这位老总才突然想起来，问这名业务员："你销售的那个产品怎么样？"这名业务员立即抓住机会给他做了介绍，老总听完之后就说："好的，没问题，咱们就签合同吧！"

他们从相识，交谈到最终的熟悉，就在于彼此间找到了"金融投资"这个双方的共同点。你看，和对方找到共同话题达到"共鸣"，让你也轻松，他也高兴，这样就不会再有沉默者。可见寻找共同话题对于社交的双方是多么重要。

所谓"找话"就是"找话题"。写文章有了好题目往往会文思泉涌，一挥而就。交谈有了好话题，就能使谈话自如，使沉默者不再沉默。

因此，要想使交谈有味道，谈得投机，谈得其乐融融，双方就要有一个共同感兴趣的话题，要能够引起双方的"共鸣"。只有双方有了"共鸣"，才能够沟通得深入、愉快。

第八节　饭局离不开幽默

原文： 天地不可一日无和气，人心不可一日无喜神。

——出自《菜根谭》

释义： 天地间一天也不能没有和煦的气氛，而人的内心一天也不能够失去乐观的心情。

不知你会不会总是能想起那些在餐桌上发生的幽默事，它们带给我们很多快乐，也为餐桌添了色彩。

如果问这世上最好的沟通方法是什么。答案应该是两个字：幽默。

幽默是一种智慧，体现着乐观积极的处世方式和豁达的人生态度。幽默是社会活动的必备礼品，是活跃社交场气氛的"最佳调料"。会说话的人一般都懂得使用幽默的语言。在任何场合，拥有良好的幽默口才的人总是能赢得他人的好感，获得众多的支持和理解。

有一位绅士正在餐馆里进餐，忽然发现菜汤里有一只苍蝇。他扬手招来侍者，冷冷地讽刺道："请问，这东西在我的汤里干什么？"侍者弯下腰，仔细看了半天，回答道："先生，它是在仰泳！"餐馆里的顾客被逗得捧腹大笑。在这种情况下，无论侍者如何解释、道歉，都只能受到尖锐的批评，甚至会引起顾客的愤怒。但是，幽默帮了他的忙，把他从困境中解救出来，使气氛得以缓和。

又有一次，一位顾客走进一家有名的饭店，点了一只油氽龙虾。他发现菜盘中的龙虾少了一只虾螯。他询问侍者，侍者把老板找来。老板抱歉地说："对不起，龙虾是一种残忍的动物。你的龙虾可能是在和它的同类打架时被咬掉了一只螯。"顾客巧妙地回答："那么请调换一下，把那只打胜的给我。"

在这个故事中，老板和顾客双方都用幽默的表达方式，委婉地指出双方存在的分歧。这种方式不取笑、不批评他人，没有伤及他人的自尊，既保护了餐馆的声誉，也维护了顾客的利益。

酒桌上的仪态可以显示出一个人的才华、修养和交际风度，有时一句诙谐幽默的语言，会给客人留下很深的印象，使人无形中对你产生好感。所以，应该知道什么时候该说什么话，语言得当，诙谐幽默。

有一次黄茜负责公司的接待工作，他走进餐馆定眼一看，发现满桌全是陌生人。坐下来小聊了一会，黄茜才知道这桌人有的是老同事、老同学；有的是教授、是工程师。饭桌上不时传出一阵阵爽朗的笑声，大家放下各自的身份、地位，似乎又回到孩童时代，开心地聊着天。

其中一位工程师，说到心底感触时，打了一个逗趣的暂停手势，示意大家安静，他说起自己刚参加工作那会儿，被分到坑口生产班当值班长，每天接电话协调处理井下作业现场的各项工作，有时要亲自奔赴现场，从井上上来几乎都是一身湿透，随便换套工作服才可吃上保健餐，在那时，每个班的工友之间都特有礼貌，见了面总会招呼一句："辛苦了！"

有一天，值班室不远去的休息室门口多了一个精致的鸟笼，里面装有一只受伤的鹦鹉，也不知道从何时起，这只鹦鹉学会了几句常话，那天这位班长刚好下井上到地面，只听见有个声音叫班长："老谢，辛苦了，保健餐已打好了，快趁热吃吧！"班长当时也没抬头注意看是谁在和自己打招呼，急忙应了一声："好，黄茜换好工作服就去！"话还没说完，站在值班室的一群人捂着嘴咯咯地笑个不停。事后，这位班长才知道，其实那句问候是鹦鹉在讲，这事一直让工友们拿来当笑柄传了好一阵子。当然在生产一线养只鸟是不合法的，打这以后，那鹦鹉就不知被谁领回家喂养了。

饭桌上大伙聊得其乐融融，黄茜虽然是第一次与他们见面，但话语间却被那份幽默所逗乐，饭桌的气氛很快就融洽了。

第九节　活跃餐桌气氛的十大高招

原文：君子言有坛宇，行有方表，道有一隆。

——出自《荀子·儒效》

释义：坛宇：界线。防表：标准。一隆：专一。意思是：君子说话有界线，行为有标准，用心能专一。

在社交中，人们最希望出现令人愉悦的场面，而能够制造欢乐气氛的人则更受欢迎。以下方法可帮助你成为社交场上的活跃人物。

一、夸张般的赞美

老朋友，新同事见面后，不免介绍寒暄一番，这是个极好的活跃气氛的机会。借此发表一番"外交辞令"，把每个人的才能、成就、天赋、地位、特长等做一种夸张式的炫耀与渲染，这可使朋友们感到自己深深地为你所了解、所倾慕。尤其是利用这种方式把朋友推荐给第三者，谁也不会去计较真实性，但你却张扬了朋友们最喜欢被张扬的内容。这种把人抬得极高，但没有虚伪、奉承之感的介绍，会立即使整个气氛变得异常活跃。

二、引发共鸣感

朋友、同事相聚，最忌一个人唱独角戏，大家当听众。成功的社交应是众人畅所欲言。各自都表现出最佳的才能，做出最精彩的表演。为达到这一目的，就必须寻找能引起大家最广泛共鸣的内容。有共同的感受，彼此间才可各抒己见，仁者见仁，智者见智，气氛才会热烈。所以，你若是社交活动的主持人，一定要把活动的内容同参加者的好恶、最关心的话题、最擅长的拿手好戏等因素联系起来，以免出现冷场。

三、有魅力的恶作剧

善意地、有分寸地取笑、调理朋友并不是坏事，双方自由自在地嬉戏，超脱习惯、道德、远离规则的界限，享受不受束缚的"自由"和解除规律的"轻松"，是极为惬意的乐事。恶作剧具有出人意料的效果，它起于幽默，导致欢笑。人们在捧腹大笑之际，会深深地感谢那个聪明的、快乐的制造者。

四、寓庄于谐

社交中需要庄重，但自始至终保持庄重气氛就会显得紧张。寓庄于谐的交谈方式比较自由，在许多场合都可以使用。用幽默、诙谐的语言，同样可以表达较重要的内容。当年毛泽东主席在接见国民党谈判代表刘斐先生时说："你是湖南人吧！老乡见老乡，两眼泪汪汪。"这番话顿使刘斐先生的紧张心情减去了一大半，打消了拘束感，紧张的会谈气氛也因此缓和了下来。

五、提出荒谬的问题并巧妙应答

生活中，总是一本正经的人会给人古板、单调、乏味的感觉。交谈中，不时穿插一些朋友们意想不到的、貌似荒谬而实则极有意义的问题，是很好的一种活跃气氛的常识。也许会有人时常问你一些荒谬的问题，如果你直斥对方荒谬，或不屑一顾，不仅会破坏交谈气氛、人际关系，而且会被人认为缺乏幽默感。

学会提出引人发笑的荒谬问题并能巧妙应答，有助于良好社交气氛的形成。

六、带些"小道具"

朋友相聚，也许在初见面时打不开局面，而陷于窘境，也许在中间出现冷场。这时，你随身携带的小道具便可发挥作用。一个精致的钥匙链可能引发一大堆话题；一把扇子，既可用作帽子，又可题诗作画，也可唤起大家特殊的兴趣。小道具的妙用不可小瞧。

七、制造一些无伤大雅的小漏洞

漏洞是悬念，是"包袱"，制造它，会使人格外关注你的所作所为，精力集中、全神贯注。待你抖开"包袱"之后，人们见识意场虚惊，都会付之一笑。

八、适当贬抑自己

自我贬低、自我解嘲，这种战术是最高明的。往往是老练而自信的人才采取这种方式。贬抑会收到欲扬先抑、欲擒先纵的效果。众人将在哄笑声中重新把你抬得很高。自我贬抑既可活跃气氛，又能博得他人好感。

九、暴露以下"缺点"

你可以偶尔故作滑稽，或搞出一副大大咧咧、衣冠不整的样子；或莽撞调皮、佯装醉汉、摆出一副满不在乎的神情等等。这些"缺点"，平素在你身上不常见，人们突然观察到这种变化，会有一种特殊的新鲜感，你的收得拢、放得开的举止会令人捧腹大笑，使大家对你刮目相看。

十、伤害一下对方

经验证明，彼此毕恭毕敬未必就没有矛盾，而平日吵吵闹闹的夫妻可能会更亲热。朋友间也是如此，若心无芥蒂、毫无隔阂，开句玩笑，贬低一番对方，互相攻击几句，打几拳、给两脚，并不是坏事，反倒显得亲密无间。社交中，心无戒备、偏见、恶意地攻击与伤害，会使朋友、同事更加无拘无束。诙谐、戏谑中的"君子风度"，最能活跃气氛。

当然，若要社交的气氛理想，除在形式上做文章外，最主要的还是内容的新颖、别致。内容本身充满活力，活动才会活泼、欢快。

第六章

进餐虽小事，
优雅第一位

第一节　餐前品茶礼节

原文：无由持一碗，寄予爱茶人。

——出自白居易《山泉煎茶有怀》

释义：手端着一碗茶无须什么理由，只是将这份情感寄予爱茶之人。

大多饭店都会在等待上菜期间为客人端一壶飘香的茶，一方面能润肠胃，另一方面也可以让大家在等待的过程中品茗聊天。饭店一般会给客人准备花茶，也有少数饭店会准备大麦茶。

世人喝茶，目的各异，品位亦有别。其实，喝茶，喝的是一种心境。身心被茶水净化，滤去浮躁，沉淀下的是思绪。无论于怎样的场合，和什么人饮茶，都不能过分爱憎。在茶面前，理应包容大气。品茶又有很多的礼节。招待宾朋最基本的茶道礼仪是每个爱茶人的必修课，让我们在知晓了这些行为规则的基础上，再进一步寻找那传统文化里流失已久的情结。

倒茶也是有讲究的，所谓"高冲水，低斟茶"，讲的就是不得溅出茶水，并且做到每位客人茶水水量一致。无论是大杯小杯，都不宜倒得太满，以示茶道公正平等，无厚此薄彼之意。分茶时，茶杯多放置于客人右手的前方。在给客人倒茶时，通常以斟七分满为宜，留下三分情谊。

　　品茶时以小口啜饮为宜，切忌一口闷，亮杯底，且不宜发出过大的响声。当然，为了品鉴好茶，让茶汤充分在口腔中翻滚而发出的自然响声，不算作失礼。小口啜饮的好处是，遇到不愿意饮茶时，亦不须吐茶。这样的情况难免发生，有时可能因为主人无心地冲泡过浓，坐杯时间过长，或水温没有控制好，也可能是茶叶走味变质。总之，第一口茶汤若当着主人面吐出，则是极大的失礼，甚至被认为是一种挑衅。客人喝完杯中茶，到了"尾头"，应尽快"续杯"。如果发现客人的杯中有茶渣，应该先替客人重新洗杯，或者换杯。

　　在商务宴请中，关于茶道的讲究就相对少了一些。

一、茶具要清洁

　　客人进屋后，先让座，后备茶。冲茶之前，一定要把茶具洗干净，若使用久置未用的茶具则更要细心地用清水洗刷一遍，以免残留污垢杂质。在冲茶、倒茶之前最好用开水烫一下茶壶、茶杯。这样，既讲究卫生，又显得彬彬有礼。如果不管茶具是否干净就胡乱给客人倒茶，会让人觉得很不礼貌。客人看到茶壶、茶杯上的斑斑污迹怎会愿意喝你的茶呢？另外，如果使用一次性杯子倒茶，一定要注意给一次杯子套上杯托，以免水热烫手，让客人一时无法端杯喝茶。

二、茶水要适量

　　先说茶叶，茶叶不宜过多，也不能太少。茶叶过多，茶味过浓；茶叶太少，冲出的茶没有滋味。假如客人主动介绍自己喜欢喝浓茶或淡茶的习惯，那就按照客人的口味冲茶即可。再次，端茶要得法。按照中国的传统习惯，应该用双手给客人端茶的。但是，现在有的年轻人不懂规矩，用一只手把茶递给客人了事。双手端茶也要很注意，对有杯耳的茶杯，通常是用一只手抓住杯耳，另一只手托住杯底。没有杯耳的茶杯倒满茶之后周身滚烫，双手不好接近，有的同志选择用五指捏住杯口边缘送给客人，这种端茶方法虽然可以防止烫伤事故发生，但很不雅观，也不够卫生，更别说礼貌。请试想，让客人的嘴沾主人的手指痕，合适吗？

三、添茶要主动

如果上司和客户的杯子里需要添茶了，你要义不容辞地去做。虽然你可以示意服务生来添茶，但由你自己亲自来添则更好，这也是不知道该说什么好的时候最好的掩饰办法。当然，添茶的时候要先给上司和客户添茶，最后再给自己添。

第二节　中餐上菜的讲究

原文：恭进礼，俭进仁，信进情。

——出自《礼记·表记第三十二》

释义：恭：恭敬。俭：节俭。情：性情。意思是：恭敬接近礼，节俭接近人，诚信接近人本来的性情。

上菜顺序顺畅合理会给顾客进餐带来舒适感，而如果上菜顺序不当，便会让人感觉杂乱无章，服务不到位。

中餐上菜的顺序通常是开胃菜，然后是主菜，最后是点心。也许各饭店的上菜有所不同，有的在汤后面上，有的是将汤上在大菜后面；有的又是交叉上的。

一、开胃菜

通常是四种冷盘组成的大拼盘。有时种类可多达十种。最具代表性的是凉拌海蜇皮、皮蛋等。有时冷盘之后，接着出四种热盘。常见的是炒虾、炒鸡肉等。不过，热盘多半被省略。

二、主菜

主菜紧接在开胃菜之后，又称为大件、大菜。如菜单上注明有"八大件"，表示共有八道主菜。主菜的道数通常是四、六、八等的偶数。在豪华的餐宴上，主菜有时多达十六或三十二道，普通为六道至十二道。菜肴使用不同的材料、配合酸、甜、苦、辣、咸五味，以炸、蒸、煮、煎、烤、炒等各种烹调法搭配而成。其出菜顺序多以口味清淡和浓腻交互搭配，或干烧、汤类交配列为原则。最后通常以汤作为结束。

三、点心

指主菜结束后所供应的甜点，如馅饼、蛋糕、包子、双皮奶、杏仁豆腐等。最后则是水果。如果中餐上菜的顺序第一道菜上是汤。在开席前几分钟端上为宜。客人座开席后，上菜的服务员就要立即通知厨房准备出菜。当客人吃去一半左右的汤时，就上第一道菜，先把凉菜端上来放在桌上第一道菜的边上，将没吃完的端到另一边。以下几道炒菜就要用同样方法依次端上，但需注意前一道菜还未动筷时，就先通知厨房不忙着把下一道菜炒出来；如果客人进餐的速度比较快，那就去通知厨房快点把菜炒出来，防止客人桌面上出现空盘的现象。炒菜上完后，应换下用过的骨碟。在上完最后一道菜的时候，服务员就要用低声告诉用餐的客人菜已上完。待客人把餐桌上的菜基本用完时，服务员就要立马把水果端上来。

四、几种特殊菜的上菜方法

1. 上拔丝菜

拔丝菜如拔丝鱼片、拔丝苹果、拔丝山芋等，要托凉开水上，即用汤碗盛装凉开水，将装有拔丝菜的盘子搁在汤碗上用托盘端送上席。托凉开水上拔丝菜，可防止糖汁凝固，保持拔丝菜的风味。

2. 上易变形的油榨菜

油炸菜如拖鱼条、高丽虾仁、炸虾球、炸鸡球等，可以端着油锅上。具体方法是：上菜前，在落菜台上摆好菜盘，由厨师端着油锅到落菜台边将菜装盘，随即由服务员端送上桌。此类菜只有上台快，才能保持菜肴的形状和风味，如时间长了菜就会变形。要求服务员快速上桌，提醒客人马上食用。

3. 上原盅炖品菜

原盅炖品菜如冬瓜盅等，上台后要当着客人的面撕去封盖纸，以便保持炖品的原味。这样做，还可以向客人表明炖品是原盅炖品，撕去纸后要快速揭盖，并将盖翻转拿开，拿盖时注意不要把盖上的水滴在客人身上。

第三节　中餐餐具的使用准则

原文：夫人必知礼然后恭敬，恭敬然后尊让。

——出自《管子·五辅》

释义：人一定要懂得礼数之后才能产生恭敬的心理，产生恭敬之心以后才能有所尊敬，有所礼让。

中餐的餐具品种多样，比如说有筷子、碗、汤勺、菜碟、汤盅，还有牙签、杯子、酒盅之类的。恰当地运用这些餐具能为自己的餐桌礼仪加分不少。

和西餐相比较，中餐的一大特色就是用餐餐具有所不同。我们主要介绍一下平时经常出现问题的餐具的使用。

一、筷子

筷子是中餐最主要的餐具。使用筷子，通常必须成双使用。用筷子取菜、用餐的时候，要注意下面几个"小"问题：

一是不论筷子上是否残留着食物，都不要去舔。用舔过的筷子去夹菜，是不是有点倒人胃口？

二是和人交谈时，要暂时放下筷子，不能一边说话，一边像指挥棒似的舞着筷子。

三是不要把筷子竖插放在食物上面。因为这种插法，只在祭奠死者的时候才用。

　　四是严格筷子的职能。筷子只是用来夹取食物的。用来剔牙、挠痒或是用来夹取食物之外的东西都是失礼的。

　　五是不要用筷子的尾端布菜。在给别人布菜时不要把筷子调过来用尾端，很不卫生，看起来也缺乏美感。还是应该用专用的新筷子布菜。

　　使用筷子有以下一些禁忌需要你注意：

　　忌敲筷。即在等待就餐时，不能坐在餐边，一手拿一根筷子随意敲打，或用筷子敲打碗盏或茶杯。

　　忌掷筷。在餐前发放筷子时，要把筷子一双双理顺，然后轻轻地放在每个人的餐桌前；距离较远时，可以请人递过去，不能随手掷在桌上。

　　忌叉筷。筷子不能一横一竖交叉摆放，不能一根是大头，一根是小头。筷子要摆放在碗的旁边，不能搁在碗上。

　　忌插筷。在用餐中途因故需暂时离开时，要把筷子轻轻搁在桌子上或餐碟边，不能插在饭碗里。

　　忌挥筷。在夹菜时，不能把筷子在菜盘里挥来挥去，上下乱翻，遇到别人也来夹菜时，要有意避让，谨防"筷子打架"。

　　忌舞筷。在说话时，不要把筷子当作刀具，在餐桌上乱舞；也不要在请别人用菜时，把筷子戳到别人面前，这样做是失礼的。

　　忌舔筷。不要"品尝"筷子，不论筷子上是否残留有食物，都不要去舔它。

　　忌米筷。不要在夹菜时，筷子持在空中，犹豫不定取哪道菜。

　　忌粘筷。在就餐过程中，即使很喜欢某道菜，也不要似筷子粘住了菜盘，不停地夹取。

　　忌剔筷。不要将筷子当牙签使用。

二、勺子

就餐中，勺子的主要作用是舀取菜肴、食物。有时，用筷子取食时，也可以用勺子来辅助。尽量不要单用勺子去取菜。用勺子取食物时，不要过满，免得溢出来弄脏餐桌或自己的衣服。在舀取食物后，可以在原处"暂停"片刻，汤汁不会再往下流时，再移回来享用。

暂时不用勺子时，应放在自己的碟子上，不要把它直接放在餐桌上，或是让它在食物中"立正"。用勺子取食物后，要立即食用或放在自己碟子里，不要再把它倒回原处。而如果取用的食物太烫，不可用勺子舀来舀去，也不要用嘴对着吹，可以先放到自己的碗里等凉了再吃。不要把勺子塞到嘴里，或者反复吮吸、舔食。

三、碗

中餐的碗可以用来盛饭、盛汤，进餐时，可以手捧饭碗就餐。拿碗时，用左手的四个手指支撑碗的底部，拇指放在碗端。吃饭时，饭碗的高度大致和下巴保持一致。

四、盘子

中餐的盘子有很多种，稍小点的盘子叫碟子，主要用于盛放食物，使用方面和碗大致相同。用餐时，盘子在餐桌上一般要求保持原位，切不要堆在一起。

需要重点介绍的是一种用途比较特殊的盘子——食碟。食碟在中餐里的主要作用，是用于暂放从公用的菜盘中取来享用之菜肴。使用食碟时，一般不要取放过多的菜肴在食碟里，那样看起来既烦乱不堪，又好像是饿鬼投胎，十分不雅。不吃的食物残渣、骨头、鱼刺不要吐在饭桌上，而应轻轻取放在食碟的前端，取放时不要直接从嘴吐到食碟上，而要使用筷子夹放到碟子前端。如食碟放满了，可示意让服务员换食碟。

五、汤盅

汤盅是用来盛放汤类食物的。用餐时，使用汤盅有一点需注意的是：将汤勺取出放在垫盘上并把盅盖反转平放在汤盅上就是表示汤已经喝完。

六、水杯

水杯主要用来盛放清水、汽水、果汁、可乐等软饮料时使用。不要用它来盛酒，也不要倒扣水杯。另外，喝进嘴里的东西不能再吐回水杯。

七、餐巾

中餐用餐前，比较讲究的话，会为每位用餐者上一块湿毛巾。它只能用来擦手。擦手后，应该放回盘子里，由服务员拿走。有时候，在正式宴会结束前，会再上一块湿毛巾。和前者不同的是，它只能用来擦嘴，却不能擦脸、抹汗。

八、牙签

尽量不要当众剔牙。非剔不行时，用另一只手掩住口部，剔出来的东西，不要当众观赏或再次入口，也不要随手乱弹，随口乱吐。剔牙后，不要长时间叼着牙签，更不要用来扎取食物。

第四节　中餐进餐礼节

原文：君子动辄思礼，行则思义。

——出自《左传·昭公三十一年》

释义：动：行动。行：办事。意思是：君子行动就要想着与礼义的要求合乎与否，办事就要想着合乎道义与否。

说起中国餐饮中餐饮礼节、讲究，那是说不尽道不完的。从何时举筷、何时落筷到何时离席等细节，都不能掉以轻心，大而化之，而应该注意每一个细节。

中华饮食，源远流长。在这自古为礼仪之邦，讲究民以食为天的国度里，饮食礼仪自然成为饮食文化的一个重要部分。中国的饮宴礼仪号称始于周公，千百年的演进，当然不会再有"孟光接了梁鸿案"那样的日子，但也还是终于形成今天大家普遍接受的一套饮食进餐礼仪。现代餐桌礼仪是古代饮食礼制的继承和发展。

吃中餐很有讲究的，尤其是正式的场合，规矩很多的。中餐非常重视礼节、礼貌，几千年来已形成了一套传统，其中表现伦理美、形式美的一些规律，一直沿用到现在。

①上桌后不要先拿筷，应等主人邀请、主宾动筷时再拿筷。

②筷子不要伸得太长，更不要在菜盘里翻找自己喜欢的菜肴，应先将转台上自己想吃的菜转到自己眼前，再从容取菜。

③已经咬过的菜不要放回盘子里，应将其吃完。

④冷盘菜、海味、虾、蒸鱼等需要蘸调料的食物可自由调味，但切记勿将咬过的食物再放进调料盘中调蘸。

⑤主人向客人介绍自家做的拿手菜或名厨做的菜，请大家趁热品尝时，不得争抢，应首先礼让邻座客人后，再伸筷取食。

⑥餐桌上不要有敲碗筷、咬筷等不雅动作。

⑦当其他客人还没吃完时，不要独自先离席。在宴会餐桌，进餐速度快慢不要依个人习惯，而应适应宴会的节奏，等大家都吃完，主人起身，主宾离席时再致谢退席。

⑧饭吃完了就不能再夹菜吃。

⑨吃饭吐骨头/皮的时候不可以直接吐在桌子上，要吐在手里然后放在桌子上，而且不能堆得到处都是，要放在自己碗旁边，等吃好饭后收在自己碗里。

⑩不可以用筷子指着别人，尤其是用筷子指着别人说话。

小小一桌席，却凝结了千百年的文化。

第五节　西餐餐饮礼节

> **原文：** 凡人之所以贵于禽兽者，以有礼也。
>
> ——出自《晏子春秋》
>
> **释义：** 人之所以比禽兽尊贵，是因为人懂得礼数。

不管是西方餐饮礼节还是我国的餐饮礼节都是以尊重对方，彰显自己的魅力为准则的。只是由于西餐的菜品和餐具不同，使得餐饮礼节有很大不同。

1. 就座时，身体要端正，手肘不要放在桌面上，不可跷足，与餐桌的距离以便于使用餐具为佳。餐台上已摆好的餐具不要随意摆弄。将餐巾对折轻轻放在膝上。

2. 使用刀叉进餐时，从外侧往内侧取用刀叉，要左手持叉，右手持刀；切东西时用左手拿叉按住食物，右手执刀将其锯切成小块，然后用叉子送入口中。使用刀时，刀刃不可向外。进餐中放下刀叉时，应摆成"八"字形，分别放在餐盘边上。刀刃朝向自身，表示还要继续吃。每吃完一道菜，将刀叉并拢放在盘中。如果是谈话，可以拿着刀叉，无须放下。不用刀时，也可以用右手持叉，但若需要做手势时，就应放下刀叉，千万不可手执刀叉在空中挥舞摇晃，也不要一手拿刀或叉，而另一只手拿餐巾擦嘴，也不可一手拿酒杯，另一只手持叉取菜。要记住，任何时候，都不可将刀叉的一端放在盘上，另一端放在桌上。

3. 每次送入口中的食物不宜过多，在咀嚼时不要说话，更不可主动与人谈话。

4. 喝汤时不要啜，吃东西时要闭嘴咀嚼。不要咂嘴发出声音。如汤菜过热，可待稍凉后再吃，不要用嘴吹。喝汤时，用汤勺从里向外舀，汤盘中的汤快喝完时，用左手将汤盘的外侧稍稍翘起，用汤勺舀净即可。吃完汤菜时，将汤匙留在汤盘（碗）中，匙把指向自己。

5. 吃鱼、肉等带刺或骨的菜肴时，不要直接外吐，可用餐巾捂嘴轻轻吐在叉上放入盘内。如盘内剩余少量菜肴时，不要用叉子刮盘底，更不要用手指相助食用，应以小块面包或叉子相助食用。吃面条时要用叉子先将面条卷起，然后送入口中。

6. 面包应掰成小块送入口中，不要拿整块面包咬。抹黄油和果酱时也要先将面包掰成小块再抹。

7. 吃鸡时，欧美人多以鸡胸脯肉为贵。吃鸡腿时应先用力将骨去掉，不要用手拿着吃。吃鱼时不要将鱼翻身，要吃完上层后用刀叉将鱼骨剔掉后再吃下层，吃肉时，要切一块吃一块，块儿不能切得过大，或一次将肉都切成块。

8. 不可在餐桌边化妆，用餐巾擦鼻涕。用餐时打嗝是最大的禁忌，万一发生此种情况，应立即向周围的人道歉。取食时不要站立起来，坐着拿不到的食物应请别人传递。

9. 就餐时不可狼吞虎咽。不愿吃的食物也应要一点放在盘中，以示礼貌。主人劝客人添菜，如有胃口，添菜不算失礼，相反主人也许会引以为荣。

10.不可在进餐时中途突然退席。如有事确需离开应向左右的客人小声打招呼。饮酒干杯时，即使不喝，也应该将杯口在唇上碰一碰，以示敬意。当别人为你斟酒时，如不要，可简单地说一声"不，谢谢！"或以手稍盖酒杯，表示谢绝。

11.在进餐尚未全部结束时，不可抽烟，直到上咖啡表示用餐结束时方可。如在左右有女客人，应有礼貌地询问一声"你不介意吧！"

12.进餐时应与左右客人交谈，但应避免高声谈笑。不要只同几个熟人交谈，左右客人如不认识，可选自我介绍。别人讲话不可搭嘴插话。

13.喝咖啡时如愿意添加牛奶或糖，添加后要用小勺搅拌均匀，将小勺放在咖啡的垫碟上。喝时应右手拿杯把，左手端垫碟，直接用嘴喝，不要用小勺一勺一勺地舀着喝。吃水果时，不要拿着水果整个去咬，应先用水果刀切成4或6瓣，再用刀去掉皮、核，用叉子叉着吃。

14.进餐时，不要解纽扣或当众脱衣。如主人请客人宽衣，男客人可将外衣脱下将里翻在外，使领口朝椅子内侧，下襟朝外搭在椅背上，不要将外衣或随身携带的物品放在餐台上。

第七章

赴宴者感恩，
请客者舒心

第一节　要抱有感激心

原文：在物者莫明于珠玉，在人者莫明于礼义。

——出自《荀子·天论》

释义：在所有的事物中，没有比珍珠、美玉更光彩耀目的；在人的行为举止里，没有比礼义更贤明的。

有饭局邀请你，是你的荣幸之事。除了在餐桌上要遵守举止、措辞的礼仪外，给主人一份精心准备的礼物表达自己的谢意也是一种必要的礼仪。

在现实生活中，每个人难免要去朋友、同事、邻居家中做客赴宴。为表示对主人的感谢，应给主人家捎去一些小礼品，这是一种必要的礼仪。

宴请客人，即使花钱不多，安排简单，为了使晚会和谐、客人满意，需要女主人付出更多的精力。所以，如果客人能给女主人送点礼物，如一束花、一盒糖或一本书，那就可以表达应邀参加晚会的感激之情。

在赴私人家宴时，也可为男主人带些礼品，比如男主人爱喝酒，您不妨买两瓶有特色的酒带去，一则可以助兴，二则可以增强宴会的气氛。如果男主人喜欢文学，您不妨带几本文学类书籍，从而使席间平添几分融洽的话题。

如果赴私人宴时，主人家有老人或孩子，您应为他们带些合适的礼品。给老人带些礼品能表达晚辈的关心与尊敬之意，如助听器、老花镜、暖水袋等等。给主人的孩子可送玩具、少儿书籍以及水果、糖果等。

如和主人的关系较亲密，也可带一些菜肴，在就餐前自己动手烹制，将做好的拿手菜让主人品尝，也可谓是一种新颖别致的礼物。

您去参加宴会，鲜花是送给主人的最好礼物。如果是给宴会的主人送鲜花，最好事先同女主人打个招呼，以便可以给她送去她所喜爱颜色的花。

有的人在参加宴会之后，给主人送鲜花表达谢意，其实不如在举行宴会的前夕或当天早晨送去，那样主人有时间将鲜花好好摆设，为宴会增辉。

宴会结束，赴宴者应起身离座，不可贪杯恋菜，拖延撤席，不能因余兴未尽而说笑不停。男宾应先起身，为年长者或女士移开座椅。主宾先向主人告辞，随后是一般来客向主人表示谢意。按照礼貌，不是感激宴会之丰盛，而是感谢主人让自己度过了愉快的时光（或夜晚）。当然，如果宴席上有特别出色的菜肴，不妨赞美几句，但不可过溢，更不要探听宴席价格，以使主人产生误解。如主人备有小礼品相赠，不论价值轻重，都应欣然收下，表示感谢。不能借口不便携带而不屑一顾，或一面收下就一面转送他人，这是对主人心意的违拗，也是对聚会的轻视，很不礼貌。作为应邀的赴宴者，有可能的话，也可向服务人员表示感谢。称赞他们服务优质、菜肴可口，感激他们的辛勤准备、周到服务。这实际上是人与人之间平等礼貌的应有之举。

从礼仪角度讲，宴会后再给主人打个电话致谢，或者在一个星期以内发一封感谢信去，也有必要。除感谢主人盛情款待之外，重申宴会上的友谊，加深相互之间的良好印象，为今后的进一步合作打好基础。这虽属宴请余音，却也是赴宴者不应忽视的。

第二节　不能"喧宾夺主"

原文：辞让之心，礼之端也。

——出自《孟子·公孙丑上》

释义：端：开始。意思是：谦让之心是礼是礼仪的开端。

喜好交际的人们常常往返于普通的宴请当中，比如婚礼宴会、乔迁宴会、生日宴会等等，作为客人不要忘记聚会的目的是为主人贺喜，主人才是当天的主角。

生活中，我们常常能遇到一些角色，不管衣着还是说话、举止都是受人瞩目的，但是却依然给主人留有余地，毕竟主人才是真正的主角。而如果喧宾夺主，会让主人很尴尬。

这天是刘世斌的大喜日子。就在新郎官刘世斌领着新娘来到主席台上向所有的宾客们致欢迎词时，没等新郎官开口说几句话，在场的一位宾客黄庆文，竟借着酒兴径直走上主席台推开新郎，抢下麦克风，喧宾夺主地向所有在场的宾客们喃喃致辞。

刚开始时，新郎为不影响宴会的气氛，一直退在一旁。不料，黄庆文一直在主席台上发飙。其他宾客们见状后，纷纷上前阻止黄庆文，想将他拉下主席台，可是不管众人如何规劝，黄庆文依然我行我素不肯下来，搞得场面异常混乱。新郎官刘世斌在被逼无奈后，只好向警察求助。最后，警察在众多宾客们的帮助丁强行将黄庆文送回了家中。

上面的案例中，黄庆文的做法不但让新郎官刘世斌下不来台，更会在赴宴的人们心中留下不好的印象，成为大家日后的笑柄。因此，参加宴会时，客人的言行举止千万不可以喧宾夺主。

如果要参加宴会，不妨穿得洒脱点，但要有自己的风格和品位，不要盲目跟随流行。所谓风格，是指有特定的服饰品牌。

男子可着西服套装，也可着单件西装等。女士可以穿长裙、连衣裙、旗袍以及各式美丽大方的服装。总之，在这种场合，穿着应和欢快热烈的气氛相协调。

如果是参加喜宴，可选择一套合宜的套装。套装的风格和颜色都很重要。

若平时非常喜欢穿着暗色或中性色彩服装，此时就要特别挑选一些具有喜气的暖色调衣服，例如枣红或砖红，既不会喧宾夺主，又非常适合当时的气氛。

第三节　送主人"小礼物"

> **原文：** 礼尚往来。往而不来，非礼也；来而不往，亦非礼也。
>
> ——出自《礼记·曲礼上》
>
> **释义：** 礼所崇尚的是彼此之间要相互往来。有往而无来，不符合礼数，有来而无往，也不符合礼数。

中国是非常重视礼节的国度，但这繁复的礼仪规范背后，却隐藏了对受礼者的体贴及重视之情，代表着你的真心祝福。赴宴者应该怎么送出自己的感谢礼物最适宜呢？

赴宴时选择合适的礼品也很重要，礼品可以帮助提高宴会的气氛。赴宴带去的礼品，最好是选择你自己也希望接受的礼物。如果你送的礼物连自己都不喜欢，人家怎么会喜欢呢？不要把去年收到的礼物今年再转送出去，或索性丢弃它，因为送礼的人通常都会留意你有没有使用他所送的礼品。如果你比较富有，礼品送礼给一般的朋友也不宜太过于出手阔绰，这有时会引起不必要的尴尬，得到反效果，反而送一些有心思的礼物会更好一些。

送礼品时记得把礼物上的价格标签拿掉，把标签留在礼物上，礼物就变成只能传递两个讯息，一个是："我们的情谊值多少钱"，另一个是"看着吧！下次得回同样价格的礼物给我"。而这个讯息，可以把所有送礼的情分都打得稀里哗啦！此外，不论礼物本身

141

价值如何，礼品最好还是要用包装纸包装起来。有时注意这细微的地方更能显出送礼者的心意。礼品必须考虑到接受礼物的人在日常生活中能否应用得上你送的礼物。比如，他家里摆得下这么大幅的画吗？

有些人到对方家中拜访时，直到要离开时，才想起该送的礼物，在门口拿出礼物时，主人却因为谦逊、客套而不肯接受，此时在门口拖拖拉拉地动作，礼品颇狼狈，要如何避免这种情形发生？最好的送礼时机是，进到大门，寒暄几句就奉上礼物，这样一来，就不会出现对方因为客套不收礼，而双方僵持在门口的情况。礼品如果错过了在门口送礼的时机，不妨在坐定后，主人倒茶的时候送，此时，不仅不会打断原来谈话的兴头，反而还可增加另一个话题呢！赠送礼品应考虑具体情况和场合。

一般在赴私人家宴时，应为女主人带些小礼品，如花束、水果、土特产等。有小孩的，可送玩具、糖果。应邀参加婚礼，除艺术装饰品外，还可赠送花束及实用物品，新年、圣诞节时，一般可送日历、酒、茶、糖果、烟等。

赴宴礼品一般应当面赠送。但有时参加婚礼，场面比较混乱，你也可事先送去。礼贺节日、赠送年礼，可派人送上门或邮寄。这时应随礼品附上送礼人的名片，礼品也可手写贺词，装在大小相当的信封中，信封上注明受理人的姓名，贴在礼品包装皮的上方。通常情况下，当众只给一群人中的某一个人赠礼是不合适的。礼品因为受礼人会有受贿和受愚弄之感，而且会使没有受礼的人有受冷落和受轻视之感。礼品给关系密切的人送礼也不宜在公开场合进行给礼品，以避免给公众留下你们关系密切完全是靠物质的东西支撑的感觉。只有礼轻情义重的特殊礼物，礼品表达特殊情感的礼物，才适宜在大庭广众面前赠送。因为这时公众已变成你们真挚友情的见证人。

送礼时要注意态度、动作和语言表达。平和友善、落落大方的动作并伴有礼节性的语言表达，礼品才是受礼方乐于接受的。那种做贼似的悄悄地将礼品置于桌下或房中某个角落的做法，不仅达不到馈赠的目的，甚至会恰得其反。在我国一般习惯中，送礼时自己总会过分谦虚地说："薄礼！薄礼！""只有一点小意思"或"很对不起……"这种做法最好避免。当然，礼品如果在赠送时一种近乎骄傲的口吻说："这是很贵重的东西！"也不合适。在对所赠送的礼品进行介绍时，应该强调的是自己对受赠一方所怀有的好感与情义，而不是强调礼物的实际价值，否则，就落入了重礼而轻义的地步，甚至会使对方有一种接受贿赂的感觉。礼品顾及习俗礼俗礼品因人因事因地施礼，是社交礼仪的规范之一，对于礼品的选择，也应符合这一规范要求。

在现实的人际交往中，借赴宴之机赠送主人一些小礼品，说不定在以后的社交中会起到意想不到的作用，所以千万别小看了这些小礼的作用。

第四节　赴"职场饭局"要避"雷"

原文：和气迎人，平情应物；抗心希古，藏器待时。

——出自《围炉夜话》

释义：用祥和的态度去和人交往，用平等的心情去应对事物；用古人高尚的品格期许自己，怀抱才能等待机遇的到来。

职场饭局有些雷区是浮在表面上的，但是得注意埋得更深的那些"雷"。这些雷往往最能体现你的人品，对你在职场前途上的发展有着举足轻重的作用。

是否要赴职场饭局确实让很多人困扰。有些人不善此道、不喜欢这种气氛、不喜欢喝酒唱歌、更愿意把工作和生活分开、有另外的时间计划等等，他们都对职场饭局有抵触。也有人对职场饭局乐此不疲，认为加深了同事间的感情沟通更利于工作，认为职场饭局是工作和生活的良好结合。

职场饭局，不只是一顿饭，而是一个"局"，该说什么，该做什么，里面大有学问。说对做对了，你可能平步青云；反之，则可能跌入陷阱，不得翻身。在职场饭局上，人际关系怎么处？看似普通的饭局对参与者的工作和职场前途又会产生哪些影响？三名不同身份的职场人士对此很有话说。

一、领导饭局

饭局从古至今都是社交方式的一种，与别人一起吃饭聊天，可以向对方传达"不见外"的信息。要办的事先不说，吃饭在先，这样就没有势利感，事不成先喝酒，也不伤面子。但面对不同的人群，饭局上该说什么、该做什么也是有讲究的。尤其是有领导参与的饭局，应该格外打起精神，毕竟领导是对你的前途命运有决定权的人。饭局是领导考察下属忠诚度、为人处世能力的一个重要场合。酒桌上，普通职员说话一定要注意，小心碰到雷区，否则，很有可能让领导对你产生不良看法，甚至为个人以后的工作和发展带来麻烦。

新入职场的杨军没啥心眼儿，平时说话特直白。一次，杨军单位的大领导请员工吃饭，在席间，领导敬完酒后，很"诚恳"地问大家对公司发展现状的看法。没想到，别人还未开口，杨军已经开始大倒苦水，他一口气说了若干条公司的不足之处。领导听着连连点头。但不久之后，杨军就被调到边缘部门，理由是"不能胜任目前工作"。

看来，跟领导吃饭，嘴上还真得有个把门儿的才行，不该说的话就得憋回肚子里，否则祸从口出。除此之外，会察言观色、见机行事也很重要，说得好了，"一句顶一万句"，会来事儿，日后也会受到领导重用。

付华人称"鬼机灵"，他年龄小、个儿不高，但很受领导赏识。大家跟领导一起吃饭的时候，别人都忙着喝酒吃菜，他的眼睛却时刻盯着领导的一举一动。领导点了烟，他会连忙递上烟灰缸，领导想要敬酒，他赶紧过去添酒。此外，他还会在领导做"重要讲话"时聚精会神地聆听，不时露出会心的笑容，也在适当时机说几句奉承话。

在职场上受领导宠信者，大概很多是付华这种人吧。大家都知道，能喝酒是参与饭局的一大优势，可对于那些天生没有酒量的人来说，不喝酒好不好呢？这要看你酒桌上的领导是否介意。如果你领导很爱喝酒，必定希望属下都能喝，如果你不喝，就可能得罪领导。

小张作为部门经理被邀请参加公司宴会。然而，小张因为健康原因，需要避免饮酒。当领导举杯向他敬酒时，小张微笑着站起身，双手轻轻托起水杯，他首先感谢了领导的盛情，并表示自己非常荣幸能与大家共度这个美好的时刻。接着，他巧妙地引入了一个大家都感兴趣的话题——即将开始的公司项目。

小张说："今天，我非常高兴能和大家聚在一起，分享这份喜悦。但同时，我也想和大家分享一下我的一个小秘密。最近，我为了更好地投入工作，特别是为了即将到来的项目，我决定暂时戒酒，保持最佳状态。我相信，通过我们的共同努力，这个项目一定会取得巨大成功。"

他的话引起了大家的共鸣，同事们纷纷表示支持他的决定，并且对他的工作态度表示赞赏。领导也笑着拍了拍他的肩膀，表示理解，并鼓励他保持这种积极向上的态度。

在饭局上，除了讨好领导，也是个与领导沟通的机会。聪明的员工会多敬领导几杯酒，跟领导说几句体己话，趁着领导高兴也提点儿工作或福利方面的小要求。有时，这种提要求的时机还会出现在饭局后。

一次，饭后老总坐管庄的车，问他怎么大热天的不开空调。

管庄笑着说："您就给我那么点交通费，哪里开得起空调哦。"

管庄用调侃的语言表达了自己的想法。老总听后乐了。过了两天，他就把管庄叫到办公室，给他加了每月 300 元的交通费。

不过，这种"馅饼"可遇不可求啊，关于薪酬福利的敏感问题，大家还是小心说出口比较好。

二、同事饭局

跟领导吃饭累得慌，跟普通同事吃饭能否轻松一点？其实不然。因为同事也是千人千面，当面说你好话的，背地里也许会给你"捅上一刀"。即使你不知道别人对你真实的看法，在大家一起吃饭的场合也要尽量保持良好的形象。

丁丽算是领导眼里的红人了，有的同事心生嫉妒，在吃饭的时候会时常说话"刺挠"她。丁丽知道，如果自己跟他们顶，他们会更有话说，把事情越闹越大，对谁都不好。所以，丁丽每次就装作听不见，或者干脆一笑了之。

这种做法表面看是你嘴上吃了亏，实际却是一种自我保护。

同事间吃饭，怎么请客也有是说法的。一般是资历老的先请，资历浅的后请，后者请客的规格最好别超过前者，否则会让前者感觉没面子。如果是平级的同事，则无所谓先后顺序，后请的花的钱最好别低于先请的，当然，AA制也很好。别人请你吃了饭，最好隔几天再找个机会请回来，礼尚往来嘛，但别让人感觉不自然。

三、客户饭局

企业业务部门的职员时常跟客户打交道，免不了请客吃饭。陪客人吃得舒心，生意也应该谈得八九不离十了。谈成生意前请客户吃饭尤为重要。客人爱喝酒，那你千万别吝惜自己，最好"舍命陪君子"。喝酒到家了，关系也就进了一步。

跟客户谈话，最好投其所好，挑客户感兴趣的话题。千万别在酒桌上一本正经地谈要合作的生意，那样很可能冷场，有些话点到为止，不必多说，另外，适当地讲点不伤人雅的荤段子，也能起到调节气氛的作用。只有在饭局上游刃有余，才能比较顺利地融入你想进的圈子。

在职场上，跟人吃好饭还真不是一件简单事儿。你利用饭局还是被饭局利用，就在几个关键点上。想游刃有余，大家还要多多修炼。在此，我们给为职场饭局苦恼的人一些建议。

首先，要明确区分饭局的种类。对于一些不愿意参加又重要性较低的饭局完全可以推辞，而很重要的饭局则要勉为其难。例如招待重要客户的饭局，或者重要领导组织的饭局，要尽可能参加；其他的一般性的娱乐聚餐可以推辞。如果确实需要参加的饭局，则需调整心态，坦然面对。

其次，建立自己的核心圈子。职场上一个重要原则是，不要企图和所有人都成为交心朋友。对于核心圈子的人要通过多种方式来维护，包括饭局和其他方式。对于其他人，则可以尽可能减少相关饭局。

再次，要合理安排自己的时间。饭局仅仅是职场的一个延伸，通常来说，它并不是职场的重要因素。如果时间确实不够，例如有小宝宝需要照顾，或者其他需要长期做的事，事先的安排是必要的。当然，最好提前和核心圈子的人打好招呼，取得他们的理解。

最后，可以主动出击与同事搞好关系。比如偶尔主动请同事聚餐，或者采取其他方式，如工作中的主动帮助、赠送小礼物等。

第五节　怎样对待异性的邀请

> **原文**：君子养心莫善于诚，至诚则无他事矣。
>
> ——出自《荀子·不苟》
>
> **释义**：君子修养心性最重要的是诚信，达到最诚信的程度就不会有别的麻烦事发生了。

在某家知名论坛上，有这样一个帖子："接待异性客户，客户喝醉了咋办。"这是一个普遍问题，遇到客户对你的邀请，你是该拒绝还是接受呢？

五一前期，小王结识了一位客户，这是她和该客户的第一次合作。虽然交期非常紧张，金额也不大，但是因为客户的执着，小王仍然接下了这单，做单的过程中很是辛苦，但功夫不负有心人，单子终于完成了。经过这一次，小王与客户的交情也得到了进展，客户说非常感谢王晓红帮了他的大忙，还说邀请小王五一同游西湖，小王顿时不知道该如何回复他，如答应，她孤身一个女孩子确实不方便，如不答应，那以后的单，客户还会和她合作吗？思来想去，小王也不知道如何是好，也不能随便向别人咨询意见，不然别人还认为小王和客户有什么关系。快临近五一了，客户几乎每天一个电话打过来，就会问小王，五一我请你去旅游，你来吗？而小王每次都说，我先把你这单处理好了，才有心思玩呢之类的话语。可能见小王没有想占的意思，后来客户又每天没时没剂地发短信给她，说："我真是想感谢你，所以想请你来玩玩。"面对这个执着的客户，小王真的很无奈。

异性交往是人际交往中最敏感、也是最微妙的一种交往，婚外的异性交往尤其如此。结婚了，你还能坦然接受异性的邀约吗？又该如何对待呢？

情景一：

已婚的章女士，在一家贸易公司担任销售工作，她经常会收到来自异性客户的邀请，她一般根据需要，坦然接受，并通知丈夫到时候接她。其丈夫表示理解。夫妻关系和谐，值得推荐。

情景二：

周丽华，性格活泼、开朗，和异性一起出去是她经常性的休闲方式，有时候是和丈夫一起，有时候自己去。她认为，优秀的男人谁都会喜欢，但是丈夫只有一个。两人对彼此的朋友都熟悉，保护婚姻是他们的底线。夫妻关系新颖，可以学习。

首先，一个经常与异性交往的人，会受到异性思维的启发。日常生活中，我们常常发现大多数人结婚后总比婚前成熟很多。结婚使双方的思路开阔，变得宽容，同时也能突破自我，变得丰富起来。

其次，经常与异性交往的人，异性度高。西方心理学家对人的异性度研究结果表明，男性的女性度高，更富有创造力；女性的男性度高，智商也高。异性度高的人说明接受了异性的长处，思维更加活跃。因此应提倡异性间的正常交往和相互学习。

　　最后，婚后可以交异性朋友。认为异性之间只有爱情、没有友谊的观点是错误的。异性之间提倡进步、发展和无伤害的道德原则，努力做到男女交往不伤害公众的情绪，不伤害他人的家庭，不伤害身心健康，不伤害隐私权，不应把自己的幸福建筑在别人的痛苦之上。

　　婚外与异性交往要把握好尺度。异性朋友之间，不能过于亲昵。因为不但要考虑婚姻中另一方的感受，也要尊重夫妻间的感情，夫妻间的信任和理解是最宝贵的，不可破坏。

　　随着物质生活的丰富，社会交往的增多，人们对精神需求增大了，男女之间的交往越来越多，把握好男女交往的"度"，充分发挥异性朋友的正面效应，提倡男女交往的宽松和宽容，是未来人际关系发展的一个新气象。

　　但是，与异性交往过于密切而发展成婚外恋或因此而酿出事端的事情也不少见，因此，专家认为，婚后男女有交异性朋友的权利，但是在和异性朋友相处时，一定要把握好尺度，不要过于亲昵或发展到暧昧的程度，更不能因担心伤害婚姻另一方而隐瞒和异性朋友的交往，这样只能适得其反。

　　婚后男女遇到异性邀约怎么办？情景一中章女士的做法就很值得推荐。

　　由于小黄学识渊博，相貌堂堂，很多女性都把他当成暗恋目标，他也会接受她们的邀请一起去休闲娱乐，有时他会告诉妻子，有时他又会以工作来搪塞妻子的询问。一次他跟妻子说在外面开会顺便吃主办单位安排的晚饭，实质却是他接受了某女子一起吃晚饭的邀请，最终在一家饭店和同样前去应酬的妻子碰了个正着，可以想象当时的情况有多么尴尬。尽管小黄是为了保护妻子的感情而撒谎，但是这种方式却有待商榷，严重伤害了妻子的感情。

因此，在面对异性的邀约时，应当坦率和配偶说清楚。如果感觉异性出于不单纯的目的邀请自己，或者接受这种邀请会对配偶造成一定伤害，应当主动向邀约一方说明，谢绝其邀约。